영어 수업

이론과 실제가 만날 때

한국문화사
초등영어교육 시리즈

영어 수업

이론과 실제가 만날 때

Designing English Lessons:
Theory into Practice

임수연·이영아·안경자·황필아 지음

한국문화사

여는 말

예비교사들과 수업에 대한 이야기를 나누다 보면 위와 같은 이야기를 많이 듣게 됩니다. 이론과 실제는 마치 별개인 것처럼 생각하지만 두 가지는 밀접하게 연결되어 있습니다. 수업은 학생들의 배움과 성장을 위한 것이고, 영어교육 이론은 학습의 효과를 높이는 다양한 요인들을 체계적으로 탐색하고 정리한 것이기 때문입니다. 이 책의 앞 표지는 영어 수업을 하는 선생님의 모습입니다. 책의 뒤 표지에는 의자에 앉아 있는 이론가의 모습입니다. 영어 수업을 하는 선생님의 모습과 의자에 앉아 있는 이론가의 모습은 다른 사람이 아닌 같은 사람의 모습일 수 있습니다. 이 책은 이론과 실제가 분리되지 않고 융합될 때 좋은 수업이 가능하다는 것을 보여주는 노력의 일환입니다.

이 책은 총 18장과 부록으로 구성되어 있습니다. 18개의 장은 영어 수업에 활용성이 높은 주제들로 이루어져 있고, 크게 3개 영역으로 나누어집니다. (1) 영어 수업 설계에서는 수업 설계의 원리와 수업 모형, 수업 지도안 작성에 대해 조망하고, (2) 언어 기능별 지도에서는 영어 4기능(듣기, 말하기, 읽기, 쓰기) 지도 및 어휘와 문법 지도에 대해서도 알아보며, (3) 영어 통합 지도에서는 스토리텔링, 문화, 내용중심 교수법(CBI)과 관련된 지도와 평가에 대한 내용을 담았습니다. 부록에서는 교실 영어 사용에서 빈번하게 나타나는 오류들을 제시하였습니다.

언어 기능별 지도와 통합 지도 영역에서는 각 장을 크게 네 부분으로 제시하였습니다. (1) 이론적 배경에서는 개념에 대한 정의, 현장교육에서의 필요성, 교육과정 및 교과서 연관성, 지도 방법 및 활동 유형, 지도상 유의점을 다루고 있습니다. (2) 모델 수업(Model Lesson)에서는 이론이 어떻게 실제 수업에 구현될 수 있는지를 교실담화를 통해 보여 주었습니다. (3) 과업(Task)에서는 이론적 배경과 모델 수업을 바탕으로 하여 주어진 조건에 맞게 적용해 보는 활동을 제시하였습니다. (4) 교실 영어(Classroom English)에서는 교실 수업 현장에서 사용할 수 있는 활동 유형별로 교사 발문과 지시문을 제공하였습니다.

글로벌 시대에 의사소통 도구로서 영어의 중요성엔 누구나 공감합니다. 하지만 최근에는 인공지능이 대세가 되면서 굳이 영어를 배울 필요가 없다는 회의적인 시각을 보이는 사람들도 있습니다. 그런데 인공지능을 통한 의사소통이 인간이 직접 하는 모든 의사소통을 대체할 수 있을까요? 이 책의 집필이 끝나가는 시점에 우리나라 영화 기생충이 오스카 4관왕을 했다는 소식을 전해 들었습니다. 봉준호 감독이 옆에 통역가가 있음에도 마틴 스코세지 감독으로부터 영감을 받은 문구를 소개할 때 영어로 직접 표현하는 장면을 보면서 의사소통이 무엇일까 하는 생각을 하게 됩니다. 단순히 내용적 전달로만 본다면 인공지능이나 통역가에 의존해서 의사소통을 할 수는 있을 것입니다. 하지만 내가 영어로 직접 표현하는 것과 인공지능이나 통역가가 대신 표현해 주는 것은 분명 진의 전달과 무게감이 다릅니다. 아무리 옆에 통역가가 있어도 자신의 마음을 직접 표현하고 싶었던 봉준호 감독의 마음이 이해가 됩니다.

학교에서 영어를 왜 가르쳐야 할까요? 앞으로 자라나는 세대들은 봉준호 감독처럼 세계 무대에서 여러 나라 사람들과 의사소통 할 수 있는 기회가 더 많이 있지 않을까요? 영어 수업의 목표는 영어로 세계인과 기본적인 의사소통을 할 수 있는 기초를 형성하는 것이고, 이를 바탕으로 학생들이 자신의 꿈을 더 넓고 크게 펼칠 수 있는 발판을 마련하는 것이라 생각됩니다.

이 책은 이론과 실제가 어떠한 접점을 가지고 있는지, 어떻게 만날 수 있는지 그 과정을 투명하게 밝히고자 하였습니다. 예비교사나 현직교사는 이 책에 나온 수업을 그대로 적용해 볼 수도 있겠지만, 이론과 실제의 대화 속에서 자신만의 수업 레시피를 만들어 나갈 수 있기를 기대합니다. 이 책에 영어 수업의 모든 것을 담지는 못했지만 부족한 부분은 독자가 스스로 레시피를 개발하여 채워 나갈 수 있기를 기대합니다.

마지막으로 이 책의 발간을 총괄해 주신 한국문화사 조정흠 차장님, 편집을 맡아 주신 김주리 선생님, 영문을 감수해 주신 Allan Choi 선생님, 한글 윤문을 도와 주신 박성희 선생님, 표지 작업을 함께 해 주신 서재화 선생님께 감사의 말씀을 전합니다.

2020년 3월
저자 일동

목차

3부 영어 통합 지도

1부
영어 수업 설계

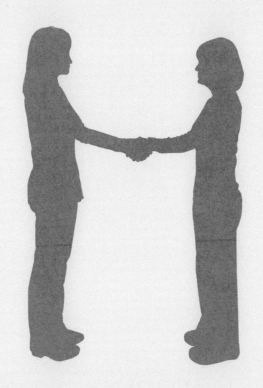

1장 수업 설계
(Lesson Design)

    수업이란 학습목표 달성을 위해 체계적으로 학습 내용을 선정하고 방법을 구안하여 학생들의 참여와 학습을 이끌어내고 그들의 학습 과정과 결과를 평가하는 장이다. 이렇게 볼 때 영어 수업은 학습자의 영어 의사소통능력 향상을 위해 각 단원 및 차시에 설정된 학습 내용을 효과적인 교수방법에 따라 시행하고, 학생들이 수업에 참여하여 상호작용하는 과정 속에서 배움이 일어나도록 하며, 그러한 학습 과정과 결과를 평가하는 장이 된다.

① 수업 설계 및 수업 계획의 원리

    수업 설계(lesson design)는 교육철학, 교수법, 학습자 특성, 교육과정 등과 같은 여러 요소들을 종합적으로 고려해 최상의 수업을 계획하는 창의적 과정이다(Hunter & Russell, 2006; Swartz & Parks, 1995). 이와 유사한 관점에서 Wajnryb(1992)는 수업 계획(lesson planning)을 교사가 수업의 요소들인 학습자, 수업 자료, 과업 등에 내리는 일련의 결정 과정이라고 보았다. 좋은 수업은 일관성, 다양성, 융통성을 갖고 있는데, 이는 수업을 설계할 때 고려해야 할 원리이기도 하다(Jensen, 2001).

    첫째, 좋은 수업은 일관성이 있다. 일관성이 있는 수업은 학습 목표를 달성하기 위해 수업 전개가 자연스럽고 일관되게 연결되는 것을 가리킨다. 한 단원이 6차시로 구성된다고 할 때 각 차시는 단원의 목표에 도달하기 위해 조화롭고 논리적으로 연계되어야 한다. 각 차시 내에서도 수업 단계와 활동들은 수업 목표에 도달할 수 있도록 체계적이고 원활하게 관련되어야 한다. 각 활동들의 연결고리가 느슨하거나 통합적인 목표 없이 개별적으로 나열되는 것은 일관되지 못하고 흐름이 좋지 않은 수업이다.

둘째, 좋은 수업은 다양성이 있다. 다양성이 있는 수업은 일관성이 있으면서도 한 차시 수업 혹은 한 단원 내에서 수업 활동, 활동 조직(개별, 짝, 소그룹 활동), 수업 자료와 매체, 수업 구성 및 모형 등이 다양함을 의미한다. 목표 표현을 반복하는 수업에서도 게임, 찬트, 노래 등 다양한 활동을 실시하고, 개별, 짝, 소그룹 단위로 활동을 다양하게 조직한다. 수업자료를 만들 때에도 프레젠테이션 슬라이드, 동영상, 오디오를 비롯해 활동지, 플래시 카드 등 디지털과 아날로그 매체를 다양하게 활용한다. 교사가 칠판에 직접 그림을 그리며 학생들과 상호작용을 함으로써 학생들의 집중력을 높이기도 한다. 이렇게 수업을 구성할 때에는 매 수업의 모형을 유사하게 하기보다는 상황에 따라 적절히 변형하여 학생들의 흥미와 호기심을 자극하는 것이 중요하다.

셋째, 좋은 수업은 융통성이 있다. 교사는 사전 계획에 얽매이기보다는 수업의 맥락에서 언제 어떤 활동을 할지 적절하게 결정하면서 수업 계획을 변경할 수 있어야 한다. 학생들의 반응을 살펴 활동의 난이도를 조정하기도 하고, 수업 내 특정 활동 혹은 각 단계별 활동의 소요시간이나 비중을 달리할 수도 있어야 한다. 준비한 수업을 정해진 시간 내에 끝내지 못했을 경우 그것이 중요한 내용이라면 다음 차시로 넘겨서라도 완료해야 한다. 반면 수업이 계획한 시간보다 빨리 끝났을 경우에 활용할 수 있는 활동도 미리 생각해 두는 것이 필요하다.

이러한 수업 설계의 원리를 바탕으로 수업을 계획할 때는 학생들의 배경 정보(언어 능력, 영어에 대한 흥미와 자신감 등), 전후 수업과의 관계, 수업 목표, 의사소통기능과 핵심 표현, 수업 절차, 활동 유형과 조직, 시간 분배, 교재와 수업 자료, 평가 등 여러가지 세부 요소를 고려해야 한다. 또한 사전에 면담이나 설문조사를 통해 학생들의 요구를 파악하고 이를 수업 계획 시 반영하도록 한다. 특히 의사소통기능과 핵심 표현을 다룰 경우에는 이전 단원 혹은 이전 학년에서 다룬 표현들을 확인하고 본 단원 및 본 차시의 수업과 연계성 있게 구성한다.

② 영어 수업 모형

초등영어는 기초적인 영어를 이해하고 표현하는 능력 향상을 목표로 하므로, 음성 언어를 사용한 의사소통능력 함양에 중점을 두며 문자 언어는 음성 언어와 연계하여 쉽고 간단한 내용의 글을 읽고 쓰도록 지도한다. 이를 반영하여 초등영어 교과서는 주로 1차시에서 목표 표현에 익숙해지도록 듣기 위주의 활동으로, 2차시에서는 의사소통 맥락에서 목표 표현을 사용할 수 있도록 말하기 위주의 활동으로, 3~4차시에는 음성 언어로 학습한 문장과 연계한 읽고 쓰기 활동으로 구성되어 있다. 3~4학년군은 단원별 4차시, 5~6학년군은 단원별 6차시 정도로 구성되어 있으며, 차시별 수업은 중점을 두는 언어 기능에 따라 적합한 수업 모형을 선택하여 적용할 수 있다.

영어 수업 모형은 일반적으로 언어 기능별로 구분했을 때, 이해를 목표로 하는 듣기와 읽기는 전-중-후의 단계를 따르는 PWP(pre-while-post) 모형이 적합한 반면, 표현을 목표로 하는 말하기는 제시-연습-발화의 단계를 따르는 PPP(presentation-practice-production) 모형이 적합하다. 쓰기는 학습자의 생각을 포함하는 자유 글쓰기 유형의 경우 쓰기 전-초고-수정-편집-출판의 5단계를 따르는 과정 중심 쓰기 모형이 보다 적합하다.

초등영어 수업은 앞서 살펴본 PWP 모형과 PPP 모형이 보편적으로 적용된다. PWP 모형은 음성(문자) 자료를 이해하기 위해 다음의 절차에 따라 지도한다(☞ 자세한 내용은 2장 참고). 예를 들면, 듣기 전(pre-listening) 단계에서는 새로운 어휘 제시 및 관련 배경지식 활성화, 내용 예측 등을 통해 들을 자료에 대한 흥미를 갖고 능동적으로 듣기에 참여하도록 한다. 듣기 중(while-listening) 단계에서는 듣는 활동이 주를 이루며, 내용 이해 여부를 점검하는 간단한 활동(예: 문장에 대한 사실/거짓 파악, 빈칸 채우기, 도표 완성하기 등)이 수반된다. 듣기 후(post-listening) 단계에서는 듣기 활동을 통해 배운 내용을 심화·확장하기 위해 어휘 또는 문법을 정리하는 학습을 하거나 역할 놀이처럼 다른 언어 기능을 통합할 수 있는 활동을 접목해 볼 수 있다.

PPP 모형은 제시(presentation)-연습(practice)-발화(production) 순서로 이루어지며, 주로 말하기 수업에 적용되고 어휘 및 언어 형식을 지도할 때도 같은 절차를 따르므로 초등영어 수업에서 활용되는 가장 일반적인 수업 모형이라 할 수 있다. PPP 모형의 각 단계를 자세히 살펴보면 다음과 같다.

1) 제시(Presentation) 단계

이 단계에서는 목표 표현을 제시한다. 이때, 교사는 목표 표현이 사용되는 상황과 의미를 학생들이 쉽게 파악하고 잘 기억할 수 있도록 상황과 연계해서 맥락화하여(contextualized) 제시하도록 한다. 초등영어 교과서에서는 주로 대화문(dialogue)을 통해 목표 표현을 제시하고 있다. 대화문은 음성 언어로 이루어지며, 일상생활에서 접할 수 있는 친숙한 상황이나 이야기를 맥락화하기 쉽고, 이후에 묻고 답하는 연습을 할 때 용이하게 활용할 수 있기 때문이다. 대화문은 주로 CD-ROM을 통해 제시되는데, 매 단원에서 같은 방식을 사용하게 되면 학생들이 지루해 할 수 있다. 또한 우리나라와 같은 EFL 상황에서는 영어 입력의 양과 종류가 제한적이기 때문에 다양한 입력에 노출되는 것이 좋다. 이때 교사가 자신의 목소리로 입력을 제공할 수도 있으며, 즉흥극을 하거나 만화, 인형, 그림 등의 교구를 사용하는 등 여러가지 방법을 활용하여 입력을 제공할 수 있다.

제시 단계의 예로 '현재 하고 있는 일이나 동작 묻고 답하기'의 목표 표현을 가르친다고 가정해보자. 교사는 Jinho 생일 파티에 초대받은 Sumi가 늦게 도착한 상황을 설명한 후, 여러 명의 친구들이 놀고 있는 동영상을 보여주며, "Look! Many friends are having a good time at Jinho's birthday party."라고 말하면서 학생들이 동영상에 나오는 아이들의 행동에 관심을 갖게 한다. 이어서 교사는 몇몇 친구들이 카드 게임을 하고 있는 장면을 정지시키면서, "Sumi wants to play with them. What will she say? And how will they answer?" 등의 질문을 던진다. 학생들은 이 상황에서 Sumi와 친구들이 어떤 표현을 사용해야 하는지 생각하게 된다. 곧이어 교사는 목표 표현 "What are you doing?"과 "I'm playing games." 를 천천히 말해주며, 현재 하고 있는 일에 대해 묻고 답할 때 사용하는 표현이라고 소개한다. 교사는 계속해서 다른 장면도 보여주며 현재 하고 있는 동작을 묻고 답하는 표현을 생각해 보게 한 후, 목표 표현을 제시한다.

2) 연습(Practice) 단계

이 단계에서는 정확성에 중점을 두고 목표 표현을 연습하며, 통제 연습(controlled practice)에서 유도 연습(guided practice) 순으로 전개된다. 통제 연습은 교사가 목표 표현을 모델로 제시하고 학생들이 그대로 따라 말하게 한다. 통제 연습의 대표적인 예로는 듣고 따라하기(listen and repeat) 활동이 있다. 통제 연습은 말하기 지도에서 언어 형태에 중점을 둔 활동으로 모방과 반복이 중요하다. 하지만 단조롭고 기계적으로 반복하다 보니 학생들이 지루함을 느낄 수 있으며, 오래 지속될 경우 학습효과가 떨어지므로 가능한 짧게 끝나도록 한다. 또한 교사는 목표 표현을 하나씩 제시하며 전체 합창으로 따라하게 하다가 특정 학생을 지목하여 따라하게 함으로써 수업 분위기에 변화를 줄 수 있다. 이때, 학생이 올바르게 따라하지 못하면 교사는 목표 표현을 다시 말해주면서 수정해줄 수 있다. 다음으로 유도 연습에서는 교사의 통제 하에 목표 표현을 연습하지만, 목표 표현을 그대로 따라 하는 것이 아니라 학생들이 목표 표현을 선택할 수 있다. 예를 들면, 모둠원들이 둘러앉아 그림 카드를 뒤집으면서 "What is he/she doing?"을 묻고 답하는 활동에서 학생들은 어떤 그림 카드가 나올지 알 수 없으며, 뒤집어 나온 그림 카드에 따라 "He is reading a book." 또는 "She is playing tennis." 등 다른 대답을 할 수 있다.

3) 발화(Production) 단계

이 단계는 연습을 통해 익힌 목표 표현을 실제 사용하는 단계로서, 유의미한 맥락에서 언어 형태보다는 의미에 중점을 두고 언어를 사용할 수 있도록 한다. 이러한 목적을 위해 교실 수업에서는 실생활과 유사한 모의 상황을 가정하고 목표 표현을 사용한 역할극을 하게 하거나, 다양한 놀이 또는 게임을 활용하여 목표 표현을 사용하도록 한다. 이때 모의 상황은 학생들이 자주 접하거나 관심있어 하는 분야를 제시함으로써 학생들이 의사소통하고 싶은 욕구를 가지도록 하는 것이 좋다. 예를 들면, 학생들이 영상 통화를 하면서 "What are you doing?" 또는 "What is your mom doing?"을 묻고 답하도록 하거나, 학생들이 각자 하고 싶은 행동을 하도록 지시한 후에 마이크를 쥔 학생이 교실을 돌아다니면서 "What are you doing?"을 묻고 답하는 인터뷰를 제시할 수 있다.

한편 PPP 모형은 1960년대부터 오랫동안 전형적인 수업 절차로 인식되어 왔으나, 1990년대에 와서 비판을 받기 시작했다. 주요 근거를 살펴보면, 첫째, PPP 모형은 교사 중심으로 지식을 전수하는 수업 절차이므로 학습자 중심 교육에 맞지 않는다는 점이다. 학습자의 요구와 필요에 따라 모든 단계를 순차적으로 따를 필요가 없는 경우도 있으나, PPP 모형은 이를 전혀 반영하지 못하고 있다. 둘째, PPP 모형은 학습자들이 선형적으로 학습한다고 가정하고 있지만, 실제 학습은 나선형 구조로 이루어진다는 점이다. 이후 PPP 모형의 변형 모형 또는 대안적 수업 모형(alternative approach)이 제시되었다.

PPP 모형의 대안으로 Johnson(1982)은 학습자들이 처음부터 즉각적인 발화를 하도록 유도하는 수심 전략(deep-end strategy)을 제안하였다. 즉 PPP 모형의 절차에서 발화를 첫 단계로 설정함으로써 교사는 학생들의 발화를 관찰하면서 학생들이 어떤 문제를 가지고 있는지 파악한 후, 필요에 따라 제시 또는 연습 단계로 이어가는 것이다. 그 후 Byrne(1986)이 이를 발전시켜 세 단계를 하나의 원형으로 묶어서 순환 모형을 제안하였다. 순환 모형에서는 학습 상황, 학습자 수준 등을 고려하여 제시, 연습, 발화 중 어떤 단계에서 시작할 지 결정할 수 있다.

ESA 모형

Harmer(2007)는 수업 절차에 다음 세 가지 단계가 있다고 제안하였다. 첫째, Engage(E)는 여러가지 교구를 활용하여 학생들이 수업에서 배우고 있는 것에 흥미를 느끼고 참여하도록 하는 것을 의미한다. 둘째, Study(S)는 발음, 어휘, 문법 등 언어가 어떻게 구성되는지 학습하는 형태 중심 학습을 가리킨다. 셋째, Activate(A)는 학생들이 알고 있는 언어 지식을 활용하여 언어를 사용하는 의미중심 활동을 뜻한다. ESA 모형은 위 세 가지 단계를 바탕으로 학생과 교사의 필요에 따라 E→S→A단계, E→A→S단계, E→S→E→A→S→A단계 등 다양한 순서로 사용될 수 있다. 이는 PPP 모형이 다소 경직된 것과 달리, ESA 모형은 유동적이라는 것을 보여준다. 또한 ESA 모형은 PPP 모형과 비교할 때 출발점에서 학습자의 동기를 유발하는 등 학습자의 정의적 측면을 고려했다는 장점이 있다.

과업중심 모형

과업중심 모형은 과업(task)을 교수학습 계획과 실행의 기본 단위로 보는 과업중심 교수법의 수업 절차이다. Willis(1996)는 과업중심 모형을 다음 그림과 같이 과업 전(pre-task)-과업 수행(task cycle)-언어 초점(language focus) 등의 세 단계로 제안하였다(그림 1 참조).

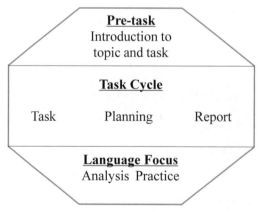

[그림 1] 과업중심 모형(Willis, 1996, p. 52)

과업 전 단계에서 교사는 학생들과 주제를 탐색하며 학생들이 해야 할 과업을 소개한다. 이때 학생들이 과업을 잘 이해하고 수행할 수 있도록 교사는 유용한 어휘 및 구문을 소개하거나 다른 사람들이 그 과업을 수행하는 예시를 보여준다.

과업 수행 단계는 다시 과업 수행(task)-계획(planning)-보고(report)의 하위 단계로 나눠진다. 과업 수행 단계에서는 학생들이 제시된 과업을 짝, 모둠, 전체 활동 형태로 수행하고 교사는 이를 모니터링한다. 이때의 과업은 의미중심 활동으로 이루어지므로 교사는 유창성에 초점을 두고 지도한다. 다음으로 계획 단계에서는 학생들이 전체 학생들을 대상으로 과업을 어떻게 수행했는지 발표할 계획을 세우고, 보고 단계에서는 학생들이 구두 또는 글로 과업에 대한 보고를 하며, 이때 모둠 간 비교 및 평가를 실시할 수 있다.

언어 초점 단계는 분석(analysis)-연습(practice)으로 나누어진다. 분석 단계에서는 과업 수행 중 잘 사용하지 못했거나 학습이 필요한 특정 언어 요소를 논의하며, 연습 단계에서는 분석을 통해 도출된 어휘나 구문을 연습한다.

Willis(1996)는 과업중심 모형은 초등학생 같은 초급 학습자들에게 적용하기에 한계가 있다고 지적하였다. 초등학생들은 경험과 언어 능력이 부족하여 과업을 이해하고 수행하는 데 어려움을 겪을 수 있기 때문이다. 이를 보완하기 위해 교사는 과업 선정 시 학생들의 인지적·언어적 수준을 고려하여 쉽고 단순한 과업을 선정하도록 한다. 과업 전 단계에서는 주제에 대한 설명이나 시범 등을 추가하거나 유용한 어휘 및 구문을 소개할 수도 있다. 또한 과업 수행 단계에서는 학생의 수준을 고려하여 과업 수행 절차를 단계별로 안내할 수 있다.

③ 좋은 영어 수업의 기준

좋은 영어 수업에 대해 알아보기 위해서는 영어 수업 평가 기준을 살펴볼 수 있다. 표 1의 평가표는 서울시교육청에서 영어로 진행하는 영어 수업(Teaching English in English: TEE)의 시행을 장려하면서 TEE 교사들을 인증(TEE-Ace, TEE-Master)하는 절차에서 활용한 영어 수업실연 심사 평가표이다. 전체 평가에서 영어 수업운영능력이 70%, 영어구사능력이 30%를 차지하고 있다.

<표 1> TEE-A 인증 수업실연 심사 평가표 (초등) (서울시교육청, 2011)

영역		내용	매우 우수	우수	보통	미흡	참관 의견
수업 운영 능력 (A)	도입	1. 인사 및 수업할 내용에 대한 흥미와 동기 유발	④	③	②	①	
	학습 목표	2. 학습목표를 학생 수준에 맞게 적절하고 분명하게 제시 또는 이끌어냄	④	③	②	①	
	학습 활동 및 과제 수행	3. 제반 학습활동에 대한 명료한 제시	④	③	②	①	
		4. 제시한 학습활동에 대한 학생들의 이해 여부 점검	④	③	②	①	
		5. 학습목표 달성을 위한 효과적인 학습활동 선정 및 시행	⑥	⑤	④	③	
		6. 학습활동 조직의 다양성 (전체, 조별, 짝, 개인 활동 등)	⑥	⑤	④	③	
		7. 교사와 학생, 학생과 학생 간의 활발한 상호작용 기회부여	⑧	⑥	④	②	
		8. 학생의 적극적이고 자발적인 참여와 발화 유도	⑥	⑤	④	③	
		9. 학습활동을 위한 효과적이고 창의적인 자료 사용	⑥	⑤	④	③	
	마무리	10. 학습목표 달성 여부의 점검 및 마무리	④	③	②	①	
	수업 전반	11. 수업의 전체적 흐름이 체계적이고 연계성 있음	⑥	⑤	④	③	
		12. 학생들의 발화 및 학습활동에 대한 적절한 피드백 제공	④	③	②	①	
		13. 학생들의 수준 차에 대한 학습 지도상의 고려	④	③	②	①	
		14. 제반 학습활동에 대한 적절한 시간 배분	④	③	②	①	
중간 소계 (70점 만점)						/ 70	

영역		내용	매우 우수	우수	양호	보통	미흡	참관 의견
영어 구사 능력 (B)	교사영어 사용	16. 어법의 적절성, 문법 및 발음의 정확성 여부	⑩	⑧	⑥	④	②	
		17. 자연스럽고 실제적인 영어를 유창하게 구사	⑩	⑧	⑥	④	②	
		18. 학생의 영어능력 수준에 맞춘 적절한 영어 구사	⑩	⑧	⑥	④	②	
중간 소계 (30점 만점)							/ 30	
총점 (100점 만점)							/ 100	

영어 수업운영능력에서는 특히 학습활동 및 과제 수행이 40%로, 비중이 가장 크다. 이 중에서도 교사-학생 간, 학생-학생 간 활발한 상호작용 기회 부여(7번)가 가장 중시되고 있다. 이어서 학생의 적극적이고 자발적인 참여(8번), 학습목표 달성을 위한 효과적인 학습활동 선정(5번), 학습활동 조직의 다양성(6번), 효과적인 자료 사용(9번)도 중요하게 여겨지고 있다. 수업 전반적인 측면도 중시되고 있는데(18%), 특히 수업 전체적 흐름의 체계성과 연계성(11번)이 중요하게 다뤄지며, 학생들의 발화나 학습활동에 대한 피드백 제공(12번), 학생들의 수준차 고려(13번), 적절한 시간 배분(14번)도 수업 평가 기준에 포함되어 있다.

한편 영어 수업에서는 영어가 수업의 목표 및 내용이면서 이를 실현하는 도구이므로 교사의 영어구사능력이 중요한 요소로 별도로 제시되어 있다. 교사가 학생들의 언어 수준에 맞게(13번) 유창하고(17번) 정확하게(16번) 영어를 사용하는 것을 중시하고 있다.

 ## 4 영어 수업 지도안 작성

수업 지도안은 교과서의 내용과 함께 교사의 교육 철학, 학생들의 상황, 교육목표가 반영되는 계획으로서, 교사가 수업의 전반적인 요소를 고려하여 효과적으로 수업을 운영하고 학생들의 학습을 촉진시키고자 하는 목적을 가지고 있다. 수업 지도안은 작성의 목표 및 용도에 따라 작성 방법이 다르며, 크게 세안과 약안으로 분류된다(안경자, 2014). 세안은 영어 공개 수업 혹은 영어 교육 실습 시 작성하는 상세한 수업 지도안으로, 표지(단원명, 그림, 수업 주요 정보), 학습자 실태 분석 및 지도 대책(설문조사 결과 분석), 단원의 개관(단원 목표, 의사소통 기능 및 언어 규칙, 어휘, 차시별 지도 계획, 본시 수업의 모형과 주안점, 유의점 및 평가 계획), 본시 수업 지도안(수업 관련 정보, 수업 절차)이 포함된다. 약안은 위에서 제시한 수업 지도안 세안에서 본시 수업 지도안을 보다 간략하게 핵심내용 위주로 작성하는 것이다. 수업 정보를 제시하고, 중요한 단계 위주로 수업 절차를 보여주고, 교사 및 학생들의 수업 활동 및 주요 발화를 제시한다. 이 때 교사와 학생의 발화를 분리하여 명기하거나 교사 발화 중심으로 제시할 수 있다. 전자는 표 2과 같이 나타낼 수 있으며, 교사-학생 간 상호작용 및 학생들의 발화 및 반응을 중요하게 고려하는 수업임을 나타낸다.

〈표 2〉 수업 지도안 약안 예시

Stage/Procedure		Teaching & Learning Activities		Materials/Remarks
		Teacher	Students	
Intro-duction	Warm-up (5 min)	▶ Greetings • T and Ss exchange greetings. - Hello, everyone. How are you today? - I'm great. ▶ Daily routines • T and Ss talk about the weather and a few other topics. - Do you like today's weather? - Yes? Why?	- Good. How about you? - No/Yes. - Because it's sunny.	5 mins

 ## 5 좋은 영어 수업의 원리

좋은 영어 수업의 원리는 여러 학자들에 의해 제시되어 왔다(Brown & Lee, 2015; Ellis, 2014; Kumaravadivelu, 1994; Nation & Newton, 2009). 좋은 영어 수업이란 공통적으로 학습자들의 영어 습득을 촉진시키고 효과적인 L2 학습이 이루어지도록 하는 것에 초점을 두고 있다. 이를 위해 풍부한 입력을 통해 실제성이 높은 맥락에서 의미에 집중하고 적절한 출력도 장려한다. 또한 교사와 학생, 학생 상호 간의 상호작용이 풍부한 수업을 강조하고 있다. 나아가 언어 형식을 익히는 연습과 같은 명시적인 지식 습득과 함께 다독 등을 통한 암묵적인 지식 습득도 중시하고 있다. 더불어 학습자의 흥미, 동기 등 정의적 측면도 고려하고, 학습자의 능동적이고 자율적인 참여를 독려하며, 개인차도 유념해야 함을 언급하고 있다.

Nation과 Newton(2009)은 초기 학습자들을 위한 영어 지도에서 다음과 같이 5가지 원리를 언급하고 있다.

> Five Principles for Teaching Beginners
>
> (1) Meaning: Focus on meaningful and relevant content
>
> (2) Interest: Maintain interest through a variety of activities

(3) New language: Avoid overloading learners with too much new language

(4) Understanding: Provide plenty of comprehensible input

(5) Stress-free: Create a friendly, safe, cooperative classroom environment

(Nation & Newton, 2009, pp. 19-22)

위의 원리를 살펴보면 다음과 같다. (1) 유의미하고 관련성 높은 내용에 집중한다. 의미 있는 맥락에서 실제 생활과 연관된 내용을 바탕으로 입력자료를 구성하고 제공하는 것이 필요하다. (2) 다양한 활동을 통해 흥미를 유지시킨다. 이를 위해 시각적인 자료, 몸동작, 손동작을 사용하며, 노래, 찬트나 게임 등을 활용할 수 있다. 또한 쉽고 간단한 활동을 통해 학습자들이 적극적으로 참여할 수 있도록 한다. (3) 새로운 표현을 과도하게 포함하여 학습 부담을 주는 일이 없도록 한다. 빈도가 높은 어휘나 표현 위주로 학습하고, 이를 사용할 수 있는 기회를 많이 제공하도록 한다(learn a little, use a lot). (4) 이해가능한 입력을 풍부하게 제공한다. 언어 학습 초기에는 말하기나 출력을 강조하기보다는 이해가능한 입력을 많이 제공하고 듣고 행동하기(listen and do)와 같은 이해 중심의 지도를 하는 것이 좋다. 더불어 시각자료를 제공하고 맥락을 풍부하게 하여 이해를 돕도록 한다. (5) 친숙하고 안전하고 협력적인 학습 환경을 만든다. 다양성, 역동성, 편안함이 있고, 활발한 상호작용과 성공적인 언어 경험을 가지도록 하며, 언어 사용의 실수에 대한 불안감이나 두려움 없이 자유롭게 언어를 사용할 수 있는 환경을 조성한다.

6 좋은 영어 수업을 위하여

좋은 영어 수업을 위해서는 교사가 자신의 수업에 대해 성찰하는 것이 중요하다. 성찰을 통해 수업의 문제점을 발견하면 문제 해결을 위한 노력을 통해 수업 개선이 이루어지게 된다. 이는 현장연구(action research)로 시행할 수 있는데, Kemmis와 McTaggart(1988)에 의하면, (1) 실행연구는 교실에서 실제로 수업을 하는 교사가 연구자가 되어 진행하고, (2) 교사 연구 공동체를 마련해 상호 조언 및 도움을 제공하고 관련 자료를 공유하면 더욱 효과적이며, (3) 수업의 변화 및 개선을 목적으로 하므로 교육 현장의 문제를 발견하고 해결하는 주기를 반복하면 수업 개선을 이룰 수 있다. 그리고 이것이 효과적으로 이루어지기 위해서는 학생과 현장에 대한 교사의 깊은 이해가 바탕이 되어야 한다. 실행연구를 진행할 때 Kemmis와 McTaggart(1988)의 자기반

성적 실행연구 사이클 모형을 활용할 수 있다. 이는 크게 4단계로 계획, 실행, 관찰, 반영 단계를 그림 2와 같이 순환적으로 거칠 수 있다.

계획단계에서는 문제를 인식하여 해결방안을 모색하고, 실행단계에서는 해결방안을 이행해 보며, 관찰단계에서는 해결방안의 효과를 분석하고, 마지막으로 반영단계에서는 계획을 보완하고 수정한다. 영어 수업도 단원 및 차시에 따라 실제로 수업을 하는 과정에서 여러가지 문제가 발생할 수 있다. 이를 해결하기 위해 교사가 연구자로서 문제를 인지하고 해결방안을 계획하고, 이를 실행하여 그 과정을 관찰하고 분석하여 보완하고 수정하는 주기를 순환적으로 반복하다 보면 영어 수업의 여러 측면을 개선하여 수업의 질을 높일 수 있게 될 것이다.

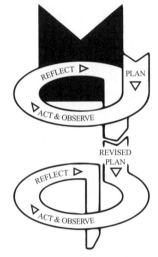

[그림 2] 현장연구 모형
(Kemmis & McTaggart, 1988, p. 29)

2부
언어 기능별 지도

2장 듣기 이해
(Listening Comprehension)

 ## 1 이론적 배경

정의

  듣기 이해(listening comprehension)는 말이나 대화와 같은 음성 언어(spoken language)를 듣고 청자가 적극적이고 의식적으로 의미를 구성하는 과정을 지칭하는 말로서, 단순히 물리적으로 소리를 듣는 것(hearing)과는 구별된다(Goh, 2014). 듣기 이해가 어떻게 이루어지는지 설명하기 위해서 학자들은 인지심리학(cognitive psychology)과 정보처리(information processing) 이론을 주로 활용하였는데, 듣고 이해하는 데 필요한 지식과 인지적 처리 과정(cognitive processes)을 보여주고 있다(Anderson, 1995; Goh, 2014). 먼저 음성 언어를 듣고 이해하기 위해서는 음소, 단어, 문장, 담화에 대한 언어 지식과 함께 말이나 대화가 이루어지는 상황이나 맥락에 대한 배경 지식이 필요하다. 또한 듣기 이해에는 상향식 처리과정(bottom-up processing)과 하향식 처리과정(top-down processing)의 두 가지 인지적 처리 과정이 필요하다. 상향식 처리과정은 음소, 단어, 문장, 문단과 같이 듣기 입력(input)에 있는 정보를 순차적으로 활용하여 의미를 구성하는 과정이며, 하향식 처리과정은 청자의 배경지식이나 기대와 같은 상위 정보(higher level information)를 활용하여 듣기 입력을 이해하는 과정이다(Brown. 2007). 이러한 두 가지 인지적 과정은 상호 배타적이고 선택적인 것이 아니어서 상호 보완적으로 작동할 때 성공적인 듣기 이해가 가능하다. 종합하면, 듣기 이해는 청자가 가진 언어 지식, 배경 지식, 상황과 맥락에 대한 지식을 활용하여 상향식 처리와 하향식 처리의 상호작용을 통해 듣기 입력을 처리하고 의미를 구성하는 과정으로 정의할 수 있다.

듣기 이해와 관련된 대표적인 용어로 상호작용적 듣기(interactive listening)와 능동적 듣기 (active listening)가 있다. 상호작용적 듣기는 상향식 처리과정과 하향식 처리과정의 상호작용 및 화자와 청자의 상호작용을 통해 성공적인 듣기 이해가 가능함을 의미한다. 능동적 듣기는 듣기 이해 과정에서 청자의 역할을 강조한 용어로서, 청자는 수동적 역할에 머무르지 않고 자신이 이해한 것을 다양한 방식으로 표현함으로써 대화의 지속 및 상호 간 이해를 가능하게 하는 것을 말한다.

> **Interactive listening -** in teaching listening, an emphasis on listening as involving an active interplay between a listener and a text or between a listener and a speaker (Richards & Schmidt, 2010, p. 291).
>
> **Active listening -** in language teaching, a procedure for teaching listening in which students show their understanding of what a speaker says by repeating (often in other words) what the speaker has said or by responding in other ways to show comprehension (Richards & Schmidt, 2010, p. 9).

필요성

외국어교육에서 듣기는 신데렐라와 같은 언어 기능으로 표현된 바 있다(Nunan, 2002). 지금까지 대부분의 제2언어 교수법에서는 말하기를 강조하는 반면 듣기에 대한 관심이 상대적으로 부족했기 때문이다. 말하기 발달을 위한 전제 조건 혹은 수단으로만 여겨졌던 듣기 이해는 제2언어 습득에서 '이해가능한 입력(comprehensible input)'의 역할을 강조한 Krashen(1982)의 입력 가설(input hypothesis)과, 언어 학습 초기 단계에서 말하기에 대한 부담을 낮추고 듣기를 강조한 전신반응 교수법(Asher, 1988)으로 인해 그 중요성이 부각되었다. Krashen(1982)은 입력 가설을 통해 습득은 입력을 이해함으로써 일어나므로 이해가능한 입력을 제공하면 말하기 발달이 자동적으로 이루어진다고 주장하였다. 이에 대하여 다양한 수준의 학습자가 공존하는 교실에서 이해가능한 입력은 어느 정도의 수준을 말하는 것인지, 말하기를 배제할 경우 학습자들의 이해가능 여부를 어떻게 점검할 수 있는지, 또한 이해가능한 입력만으로 말하기가 발달하는지에 대한 비판이 제기되기도 하였다(De Beaugrande, 1997; Gregg, 1984). 그러나 언어 입력을 이해하는 것이 습득에서 얼마나 중요한지, 특히 제2언어 학습의 초기 단계에서 이해가능한 입력의 제공을 강조하였다는 점에서 입력 가설은 초등학교 영어교육에 중요한 시사점을 제공한다. 좋은 예로, 현재 초등학교에서는 영어로 하는 영어 수업을 통해 입력을 충분히 제공하고, 이해가능한 입력이 되도록 시각자료, 손짓, 몸짓 등의 비언어적 단서와 함께 쉽고 간단한 어휘와 문장을 사용하는 방식이 보편적으로 받아들여지고 있다.

듣기는 우리의 일상생활에서 매우 큰 비중을 차지해서 실제로 깨어 있는 시간의 45%는 듣기를 하며 보낸다고 한다(Vandergrift, 2011). 그런 만큼 언어 학습에서도 듣기는 언어를 이용한 네 기능(듣기, 말하기, 읽기, 쓰기) 중에서 가장 기본이 되며, 다른 언어 기능보다 선행하여 발달한다. 이해하지 못한 말을 하는 것은 앵무새가 인간의 말을 따라하는 것과 다르지 않고, 이해하지 못한 말을 스스로 표현하기는 어려우므로, 듣기 지도는 말하기 지도에 선행되는 것이 자연스럽다. 또한, 초등학교 학습자들은 문자언어보다 맥락 정보가 풍부한 음성 언어를 더욱 쉽게 배운다. 이에 대부분의 초등학교 영어 교과서에서도 단원의 시작인 1차시는 듣기 이해에 중점을 두고 구성하는 경우가 많으며(주형미 & 이영아, 2012), 입력 가설에 기반한 자연적 접근법(The Natural Approach)에서도 듣기, 말하기, 읽기, 쓰기의 순서로 가르치는 것을 제안하고 있다(Krashen & Terrell, 1983).

교육과정 및 교과서 관련성

영어 학습의 시작 단계인 초등학교에서 듣기 이해가 가지는 중요성만큼, 교육과정과 교과서에서는 듣기 이해의 중요성, 듣기 이해의 목표와 수준, 지도 방법 등을 폭넓게 제시하고 있다. 먼저, 교육과정의 '성격'에서는 음성 언어가 주가 되는 초등학교 영어교육을 강조하고 있다.

> 초등학교 영어는 일상생활에서 사용하는 기초적인 영어를 이해하고 표현하는 능력을 기르는 교과로서, 음성 언어를 사용한 의사소통능력 함양에 중점을 둔다. 문자 언어 교육은 쉽고 간단한 내용의 글을 읽고 쓸 수 있는 능력 함양에 초점을 맞추되, 음성 언어와 연계하여 내용을 구성한다(교육부, 2015, p. 4).

이어서 교육과정의 '내용 체계표'와 '성취기준'은 초등학교 영어 수업에서 무엇을 들려주어야 할지, 어느 정도 수준의 듣기 이해를 목표로 해야 하는지 제시하고 있다. 표 1은 교육과정 '내용 체계표'의 듣기 영역을 제시한 것인데, 내용 체계표로부터 초등학교 영어 수업에서 다루어야 할 듣기 이해의 목표와 수준, 입력 자료의 유형을 알 수 있다.

〈표 1〉 교육과정 내용 체계표의 듣기 영역

영역	핵심 개념	일반화된 지식	내용 요소		기능
			3~4학년	5~6학년	
듣기	소리	소리, 강세, 리듬, 억양을 식별한다.	• 알파벳, 낱말의 소리 • 강세, 리듬, 억양	• 알파벳, 낱말의 소리 • 강세, 리듬, 억양	식별하기
	어휘 및 문장	낱말, 어구, 문장을 이해한다.	• 낱말, 어구, 문장	• 낱말, 어구, 문장	파악하기
	세부 정보	말이나 대화의 세부 정보를 이해한다.	• 주변의 사람, 사물	• 주변의 사람, 사물 • 일상생활 관련 주제 • 그림, 도표	파악하기
	중심 내용	말이나 대화의 중심 내용을 이해한다.		• 줄거리 • 목적	파악하기 추론하기
	맥락	말이나 대화의 흐름을 이해한다.		• 일의 순서	파악하기 추론하기

(교육부, 2015, p. 6)

먼저 내용 체계표의 '핵심개념'과 '일반화된 지식'은 초등학교 영어에서 다루는 듣기 이해의 목표와 수준을 잘 보여준다(이영아, 2018). 3~4학년군에서는 말이나 대화를 구성하는 언어 요소로서 분절음(음소) 및 초분절음(강세, 리듬, 억양)을 식별하고 낱말, 어구, 문장을 이해하는 것, 그리고 말이나 대화에 명시적으로 나타나 있는 세부적인 정보를 이해할 수 있는 수준을 목표로 설정하고 있다. 5~6학년군에서는 이를 확장하여 중심내용(줄거리, 목적) 및 일의 순서와 같이 말이나 대화에 명시적으로 나타난 정보를 종합하여 파악할 수 있는 추론적 이해의 수준까지 다루고 있다.

다음으로 내용 체계표의 '내용 요소'와 표 2의 듣기 영역 성취기준은 초등학생들에게 들려줄 듣기 입력 자료의 유형과 수준을 세부적으로 안내하고 있다(이영아, 2018). 교육과정에서는 듣기 입력 자료의 수준을 '소재의 범주'와 '언어적 복잡도'의 두 가지로 구분하고 있다. 먼저 소재의 범주 측면에서, 3~4학년군은 일상생활에서 자주 접하는 친숙한 표현, 주변의 사물과 사람에 관한 말이나 대화, 일상생활 속의 친숙한 주제에 관한 말이나 대화와 같이 초등학생들에게 친숙한 주제 및 소재를 중심으로 듣기 입력 자료를 구성하도록 하고 있다. 5~6학년군에서는 그림이나 도표에 대한 말이나 대화, 대상을 비교하는 말이나 대화와 같이 좀 더 다양한 주제 및 소재로 확장됨을 알 수 있다. 다음으로는 언어적 복잡도인데 3~4학년군에서는 기초적인 낱말, 어구, 문장, 한두 문장의 쉽고 간단한 지시나 설명을 다루는 반면, 5~6학년군에서는 두세 개의 연속된 지시나 설명처럼 좀 더 길이가 있는 말이나 대화를 다룬다. 3~4학년군과 5~6학년군 모두 쉽고 간단한 말이나 대화를 다루도록 하여, 언어적 복잡도 측면에서 큰 차이가 나지 않도록 하고 있지만, 교육과정에서는 3~4학년군 7낱말 이내, 5~6학년군 9낱말 이내로 단일 문장의 길이를 제한하고 있기도 하다.

〈표 2〉 듣기 영역 성취기준

3-4학년군	5-6학년군
[4영01-01] 알파벳과 낱말의 소리를 듣고 식별할 수 있다.	[6영01-01] 두세 개의 연속된 지시나 설명을 듣고 이해할 수 있다.
[4영01-02] 낱말, 어구, 문장을 듣고 강세, 리듬, 억양을 식별할 수 있다.	[6영01-02] 일상생활 속의 친숙한 주제에 관한 간단한 말이나 대화를 듣고 세부 정보를 파악할 수 있다.
[4영01-03] 기초적인 낱말, 어구, 문장을 듣고 의미를 이해할 수 있다.	[6영01-03] 그림이나 도표에 대한 쉽고 간단한 말이나 대화를 듣고 세부 정보를 파악할 수 있다.
[4영01-04] 쉽고 친숙한 표현을 듣고 의미를 이해할 수 있다.	[6영01-04] 대상을 비교하는 쉽고 간단한 말이나 대화를 듣고 세부 정보를 파악할 수 있다.
[4영01-05] 한두 문장의 쉽고 간단한 지시나 설명을 듣고 이해할 수 있다.	[6영01-05] 쉽고 간단한 말이나 대화를 듣고 줄거리를 파악할 수 있다.
[4영01-06] 주변의 사물과 사람에 관한 쉽고 간단한 말이나 대화를 듣고 세부 정보를 파악할 수 있다.	[6영01-06] 쉽고 간단한 말이나 대화를 듣고 목적을 파악할 수 있다.
[4영01-07] 일상생활 속의 친숙한 주제에 관한 쉽고 간단한 말이나 대화를 듣고 세부 정보를 파악할 수 있다.	[6영01-07] 쉽고 간단한 말이나 대화를 듣고 일의 순서를 파악할 수 있다.

(교육부, 2015, p.13, p.22)

교과서에서는 듣기 이해의 목표, 지도 방법, 지도 절차 등을 제시하고 있다. 먼저 목표를 살펴보면, 단원의 의사소통기능(communicative function)이 포함된 대화를 듣고 이해하는 것을 1차시나 2차시의 주된 학습목표로 설정하고 있다. 음성 언어 중심의 의사소통능력을 길러주기 위해 대화(dialogue)를 듣기 자료로 제시하고 있으며, 듣기가 가장 기초적인 언어 기능으로 다루어지고 있음을 알 수 있는 부분이다. 지도 방법과 절차 측면에서는 상향식 처리 과정과 하향식 처리과정을 돕기 위한 절차를 안내하고 있다. 하향식 처리 과정을 돕기 위해 예시 1과 예시 2처럼 삽화를 제시하여 듣기 전에 대화가 일어나는 상황과 내용을 파악하기 용이하도록 하고 있다.

또한, 예시 2에서는 "여러분의 방에는 무엇이 있나요?"와 같은 질문을 통해 청자의 배경지식을 활성화하도록 돕고 있다. 상향식 처리 과정이 이루어지도록 예시 1과 같이 대화를 듣기 전에 질문을 제시하여 어떤 부분에 집중하여 들을지 알 수 있도록 한다. 한편, 예시 2와 같이 대화를 들은 후에 이해를 점검하기 위한 질문이나 과업을 제시하기도 한다. 이 때 제시된 질문의 유형은 교육과정 내용 체계표와 성취기준에 제시된 듣기 이해의 수준 및 목표와 연계된다. 예시 1의 "라일라는 무엇을 듣고 있었나요?"와 같이 대화에 명시적으로 나타난 세부 정보를 묻는 질문도 있고, 예시 2의 "안내원이 가장 먼저 소개한 곳은 어디인가요?"와 같이 대화의 흐름과 순서를 이해하고 있는지 알아보는 질문도 제시되어 있다.

예시 1. 동아 3학년 교과서 19쪽

예시 2. YBM(최) 5학년 교과서 136쪽

지도 절차 및 방법

듣기 이해를 목표로 한 수업에서는 크게 세 가지 원칙을 고려하여 지도 절차를 구안할 수 있다. 첫째, 학생들의 듣기 이해를 돕기 위해 상향식 처리과정과 하향식 처리과정이 모두 이루어지도록 한다. 둘째, 학생들이 듣고 이해한 것을 점검하기 위해서는 교육과정의 내용 체계표와 성취기준에 제시된 듣기 이해의 목표와 수준을 고려하여 질문을 구성한다. 셋째, 학생들이 듣고 이해한 것을 다양한 방식으로 강화하고 적용할 수 있도록 듣기 후에 다양한 과업을 제공한다. 이러한 원칙을 토대로 듣기 지도의 절차 및 방법을 제시하면 아래와 같다(김기택, 배주경, 안경자, 임수연, 2019; 이승민, 2017; Brown & Lee, 2015; Field, 2002; Vandergrift & Goh, 2012).

1) 듣기 전(Pre-listening)

듣기 전에 들을 내용에 대한 인지적 준비를 시켜주는 단계로서, 듣기 자료를 이해하는 데 필요한 언어지식이나 배경지식을 제공하거나 활성화시켜 준다. 또한 듣기 자료에 대한 흥미와 관심을 유발함으로써 학생들이 주의를 기울여 들을 준비가 되도록 한다.

- 말이나 대화의 상황을 보여주는 그림을 보며 들을 내용 추측하기(하향식)
- 말이나 대화의 주제 및 소재와 관련된 경험이나 알고 있는 것 이야기하기(하향식)
- 말이나 대화의 주요 어휘 및 표현 살펴보기(상향식)
- 말이나 대화에서 주의를 기울여 들을 부분 말해주기(상향식+하향식)

2) 듣기 중(While-listening)

말이나 대화를 듣고 이해하며 이를 점검하는 단계이다. 어떤 부분에 주의를 기울여 들을지 안내해 주거나 다양한 방식으로 들어보도록 하고, 이해를 점검하기 위한 다양한 발문과 활동을 구성하여 제공한다.

- 화면을 보면서 듣거나 화면을 끄고 듣기
- 말이나 대화의 주요 어휘 및 표현 확인하기
- 세부 정보와 중심내용 파악을 위한 질문하기(듣기 목표)
- 이해 점검을 위한 활동으로서 듣고 알맞은 그림 고르기, 듣고 도표나 그림 완성하기 등 제공
- Wilson(2008)의 듣기 이해 기능 위계를 고려하여 이해 점검 질문의 난이도 파악하기

> Listen for gist: 듣기자료의 요지 파악
>
> Listen for specific information: 듣기자료의 세부 정보 파악
>
> Listening in detail: 중요도가 높지 않은 세부 정보 파악
>
> Inferential listening: 화자의 의도, 심경, 태도 파악, 전후 관계나 인과 관계 파악

3) 듣기 후(Post-listening)

말이나 대화에 포함된 주요 어휘나 의사소통 표현을 내면화하고 강화할 수 있도록 추가적인 연습의 기회를 제공하거나, 말하기 등의 다른 언어 기능과 연계하여 학습한 표현을 사용해 보도록 한다.

- 따라 말하거나 쓰기
- 빙고게임 등을 활용한 주요 어휘 학습 활동
- 게임이나 역할 놀이

지도상 유의점

- 듣기 이해는 영어를 배운지 오래되지 않은 초등학교 학습자들의 정의적 측면이나 수업 참여도에 중요한 영향을 미칠 수 있다는 점에 유의할 필요가 있다. 이해하기 어려운 언어 입력에 지속적으로 노출될 경우 초등학생들의 영어 학습 동기와 자신감이 떨어지고, 결과적으로 수업에 대한 흥미와 참여도 감소될 수 있기 때문이다. 수업을 통해 학생들에게 제공되는 다양한 유형의 입력을 학생들이 이해하고 있는지 항상 점검하고 주의를 기울일 필요가 있다.
- 초등학교 영어 수업에서는 쉽고 간단한 말이나 대화를 듣기 자료로 활용하기 때문에 세부 정보와 중심내용을 명료하게 구분하기 어려운 경우가 많다. 두 가지를 반드시 포함하려고 하는 것보다 말이나 대화에 명시적으로 나타난 사실적 정보를 중심으로 학생들의 이해를 점검하는 것이 좋다.
- 초등학교 영어 교과서에서는 듣기 자료와 함께 활용할 수 있는 삽화를 제공하고 있다. 대화의 인물, 장소, 상황, 인물이 하는 행동이나 생각 등 들을 내용에 대한 많은 정보를 포함하고 있으므로, 들을 내용과 연계하여 그림의 어떤 부분을 살펴보도록 할 것인지 미리 생각해 보는 것이 좋다.

Model Lesson

학습목표:	좋아하는 과목에 대해 묻고 답하는 대화를 듣고 이해할 수 있다.
대상학년:	5~6학년군
의사소통기능:	A: What is your favorite subject?
	B: My favorite subject is music.
학습조직:	전체

YBM(최) 5학년 교과서 58쪽

Script

1 보라와 Mario가 사물함에서 책을 꺼내면서 대화를 나눈다.
Bora: Mario, what day is it today?
Mario: It's Wednesday. We have Korean, English, math, music, and science.
Bora: I like math. What's your favorite subject, Mario?
Mario: My favorite subject is Korean. I like reading Korean story books.

2 Ben과 Ming이 자리에 앉아 대화를 나눈다.
Ben: Yeah! We have science today.
Ming: Do you like science, Ben?
Ben: Yes, science is my favorite subject. What's your favorite subject, Ming?
Ming: My favorite subject is music. I like singing songs.
Ben: What's your favorite song?
Ming: My favorite song is "Do-Re-Mi."
Ben: Oh, I like that song, too!

YBM(최) 5학년 지도서 179쪽

'Picture Talk'는 듣기 전 활동기법으로 말이나 대화를 듣기 전에 관련 그림을 보고 인물, 장소, 사물, 인물의 행동이나 표정 등에 대해 이야기함으로써 들을 내용을 추측하거나 이와 관련된 상황/배경지식을 활성화하는데 도움을 줘요.

T: Today, we'll learn how to ask and answer about our favorite subjects. Look at the picture on the screen. Who do you see in the picture?

Ss: Bora, Mario, Ben, and Ming.

T: Very good. Where are they? Are they in the classroom or on the playground?

Ss: They're in the classroom.

T: Right. This time, look at the blackboard in the picture. How many classes do they have?

'Picture Talk'를 통해 그림에 보이는 인물, 사물, 간판 등을 이용하여 듣기 자료에 나오는 주요 어휘를 자연스럽게 지도하는 것도 가능해요.

Ss: Five classes.

T: Good. What subjects are they going to study today?

Ss: 국어, 영어, 수학, 음악, 과학

T: Yes, they have Korean, English, math, music, and science. Can you repeat after me? (그림 속 칠판의 과목명을 가리키며) Korean, English, math, music, and science.

Ss: Korean, English, math, music, and science.

T: What do you think they are talking about?

들을 내용과 직접적으로 관련된 예측하기가 이루어지도록 구체적인 질문을 제공하면 좋아요.

S1: 좋아하는 과목에 대해 이야기하는 것 같아요.

T: Very good guess. Which student likes music? Can you guess?

S2: Ming likes music.

T: Why?

S2: 생각풍선에 노래 부르는 그림이 있어서요.

첫 번째 듣기에서는 상황 단서를 이용해 의미를 쉽게 이해할 수 있도록 동영상을 활용해요.

T: Excellent. Maybe she likes singing songs. How about Ben? Do you think he likes music, too?

S3: No, he likes science.

T: You took a very good guess. Let's watch the animation clip. Please listen to the dialogue carefully and find out what they are talking about. Ready?

<*While-Listening*>

T: Now, let me ask you a question. What's the dialogue about? What are they talking about?

S4: Their favorite subjects.

T: Great! They're talking about their favorite subjects. What subject does Bora like? What's her favorite subject?

S5: Math.

T: Right. How about Mario? Does he like math? What's his favorite subject?

S3: Korean.

T: Yes, his favorite subject is Korean. Why does he like Korean? What does he like to read?

S5: Korean storybooks.

T: Very good. Now, we'll listen to the dialogue one more time. Then, I'll ask you questions about Ming and Ben. You took guesses about their favorite subjects, right? Listen and find out if your guesses are correct.

Ss: (Ming과 Ben이 좋아하는 과목과 활동에 집중하여 대화를 듣는다)

T: Did you listen for their favorite subjects?

Ss: Yeah.

T: What is Ben's favorite subject?

S6: Science.

T: Right. What is Ming's favorite subject?

S7: Music.

T: Yes, Ming's favorite subject is music as you guessed. Then, what does Ming like to do?

대화의 주제(중심내용)가 쉽고 명료하다면 세부 정보를 묻기 전에 질문할 수 있어요.

세부 정보를 쉽게 이해시키려면 대화에서 가장 먼저 나온 정보를 우선적으로 질문하는 것이 좋아요.

단원의 1차시이므로 이해 점검 시 이전에 배운 표현(Does he like math?)과 이번 단원에서 새롭게 나온 표현(What's his favorite subject?)을 연계하여 발문을 구성하는 것이 좋아요.

대화의 내용을 이해한 후 새로 학습한 표현에 집중하여 듣게 하려면 애니메이션을 보여주지 않는 것이 효과적이에요.

S1: She likes singing.

T: That's correct. Ming likes singing songs. Now, we're going to listen to the dialogue one last time without the animation. Please listen carefully to the expressions "What's your favorite subject?" and "My favorite subject is...." Okay?

Ss: Okay.

Task

- 아래의 그림과 대화문(script)을 활용하여 듣기 전 활동과 듣기 중 활동의 교사-학생 담화를 구성해 보세요.

대상학년:	6학년
의사소통기능:	A: What's wrong? You look sick.
	B: I have a stomach.

A **Fun Talk** 그림을 보며, 대화를 들어 봅시다.

천재 6학년 교과서 24쪽

Script

(현장 체험 학습을 간 아이들이 점심을 먹고 있다.)

진우: Yay! It's time for lunch!

Stacy: (급하게 음식을 먹는 진우에게) Jinu, don't eat too fast.

진우: Okay, okay. But I'm so hungry.

(잠시 후. 진우의 안색이 좋지 않자 Henry 선생님이 진우에게 다가온다.)

Mr. Henry: Jinu, what's wrong? You look sick.

진우: I have a stomachache.

Mr. Henry: Oh, that's too bad. (약을 건네며) Take this medicine and get some rest.

진우: Thank you, Mr. Henry.

(약을 먹고 쉬던 진우 옆으로 스낵 카트가 지나간다.)

진우: Look! There's a snack cart.

Mr. Henry, friends: Oh, Jinu!

천재 6학년 지도서 110쪽

〈Pre-Listening〉

〈While-Listening〉

4 Classroom English

Categories	Teacher Talk
Picture talk	• Open your books to page 10 and look at the picture. • What do you see in the picture? • Who do you see in the picture? • Where are they? • What is the girl/boy doing? • Can you see the speech bubbles? What is he saying? • What is happening in the picture?
Predicting & Questioning	• What do you think they are talking about? • Guess what the dialogue is about. • Guess what words or expressions you will hear. • Let's summarize your guesses. • Let's find out if your guesses are correct. • Let's think about some questions first before we listen. • Keep these questions in mind while you listen.
Activating background knowledge	• What do you know about (the topic)? • Let's brainstorm on this topic. • Tell me everything you know about this topic.
Listening to a dialogue	• Now, let's listen to the dialogue. • Listen carefully to the dialogue. • Let me play it again. • Let's listen with/without the subtitles. • I'll play the video. • I'll play the video without any sound. • I'll mute the sound. • Look at the screen and try to see what they're talking about.
Learning key expressions and vocabulary	• Let's go over some words before listening. • What words or expressions did you hear? • Are there any words you don't know/understand? • What does the word 'subject' mean?

Checking comprehension of a dialogue	• Now let me ask you some questions about the dialogue. • Let's see how much you understood. • How much did you understand? • Answer the questions about the dialogue. • How many people are in the dialogue? **<Understanding the main idea>** • What is the dialogue about? • What was the main point? **<Comprehending specific information>** • Who _____? • What did Mina say? What did Mina buy? What does she want to do? • Where did they go? Where are they going? • When did Susan go to the bookstore? What time does she get up? • What subject does Lisa like? • How often does Minsu play soccer? • How many pencils does she have? • How much was the clock?

3장 듣고 행동하기
(Listen and Do)

① 이론적 배경

정의

　듣고 행동하기(listen and do)는 Asher(1977)가 창안한 전신반응 교수법(Total Physical Response, 이하 TPR)에 따른 수업 기법으로서, 교사 또는 동료 학생의 '지시하거나 설명하는 말'을 듣고 이해한 것을 신체 표현을 통해 반응하는 활동을 지칭한다. 이때 신체 표현은 듣고 알맞은 인물, 사물, 그림, 사진 등을 찾거나 가리키기, 들은 내용에 해당하는 몸짓이나 동작을 수행하기, 듣고 그림 그리기 등 다양한 방식으로 이루어진다. 듣고 행동하기는 신체 표현을 통해 언어의 의미를 쉽게 이해하고, 또한 이해한 것을 말이 아닌 행동으로 표현하게 하므로 이해중심 교수법의 대표적인 활동으로 분류된다. 이해중심 교수법은 모국어 습득과 유사한 방식의 외국어 습득을 강조하여, 이해가 표현에 선행되어야 한다고 보았다. 전신반응 교수법과 함께 자연적 접근법(The Natural Approach)도 이해중심 교수법에 해당한다.

> **Total Physical Response (TPR)**
> TPR is a language teaching method developed by James Asher in the early 1970s. In TPR, "the teacher gives commands, "Stand up!" "Sit down!" and so on and shows learners how to demonstrate comprehension by doing the appropriate physical action as a response. New structures and vocabulary are introduced this way for an extended time. When learners are ready to speak,

they begin to give each other commands" (Celce-Murcia, 2014, p. 9). In this way, "TPR gives greater emphasis to comprehension than many other teaching methods" (Richards & Schmidt, 2010, p. 606).

Comprehension approach

(In language teaching) an approach to second and foreign language teaching which emphasizes that:

a. Before learners are taught speaking, there should be a period of training in listening comprehension.

b. Comprehension should be taught by teaching learners to understand meaning in the target language.

c. The learners' level of comprehension should always exceed their ability to produce language.

d. Productive language skills will emerge more naturally when learners have well developed comprehension skills.

e. Such an approach reflects how children learn their first language.

(Richards & Schmidt, 2010, pp. 108-109)

필요성

'듣고 행동하기'는 초등학생들의 인지적, 언어적, 신체적 특성에 부합하는 활동이다. 성인 학습자와 대비되는 어린이 영어 학습자의 특성으로는 추상적이고 형식적인 학습보다는 유의미하고 구체적인 맥락에서의 언어 사용을 통해 학습하는 점, 놀이와 신체활동을 좋아하는 점 등을 들 수 있다(Halliwell, 1992; Pinter, 2006). '듣고 행동하기'는 신체 표현을 통해 의미를 전달하므로 언어적 지식이 부족한 초등학생들도 쉽게 의미를 이해하고 자연스럽게 언어를 배울 수 있다. 또한, 학생들이 스스로 말하기 이전에는 말하기를 강요하지 않고 행동으로 표현하도록 하기 때문에, 침묵기(silent period)를 수반하기도 하는 초기 말하기 발달 단계에 적절한 지도 방법이다(Ellis, 2008). 동작이나 행동을 통한 표현 방식은 신체 활동을 좋아하는 초등학생들의 영어 학습에 대한 흥미와 동기를 유발하기에도 용이하다.

'듣고 행동하기'는 초등학생들의 적극적인 수업 참여를 이끌어냄으로써 생동감 있고 활기찬 듣기 수업을 가능하게 한다. 듣기는 수동적 기능이 아니라, 듣기 입력에 대하여 청자가 적극적으로 의미를 구성하는 능동적 기능이다. 그럼에도 불구하고 듣기 수업에서는 학생 중심의 참여형 수업보다 교사 중심의 제시 및 설명이 주를 이루는 경우가 많다. 그런데 '듣고 행동하기'는 학생들이 듣고 이해한 것을 신체 활동으로 표현하게 하므로, 수업 시간에 학생들은 앉아서 듣는 수동적인 청취자에 머무르지 않고 적극적인 참여자가 된다.

또한, 지시나 설명을 이해하지 못한 경우에도 행동 및 맥락 단서를 활용하여 의미를 쉽게 추측할 수 있고, 교사나 다른 학생들의 행동을 따라 하면서 참여할 수 있으므로, 영어 성취 수준이 부족한 학생들도 자신감을 가지고 활발하게 참여할 수 있다.

마지막으로 '듣고 행동하기'는 학습한 표현을 즐겁게 반복할 수 있고 기억하기 용이하도록 해준다. '지시하거나 설명하는 말'을 듣고 신체로 표현하는 활동은 여러 번 반복해도 지루하지 않고, 이 과정에서 듣고 이해한 표현을 쉽게 기억할 수 있다(Larsen-Freeman & Anderson, 2011). 전신반응 교수법에서는 심리학의 '기억 흔적 이론(trace theory of memory)'과 연계하여 신체 활동(motor activity)과 병행할 경우 언어를 더 잘 기억하고 재생할 수 있다고 보았다 (Richards & Rodgers, 2014).

교육과정 및 교과서 관련성

'듣고 행동하기'는 교육과정의 듣기와 말하기 성취 기준에 반영되어 있다(표 1 참조). 먼저 듣기 영역에서 3~4학년군은 한두 문장 수준의 지시나 설명을, 5~6학년군에서는 두세 개의 연속된 지시나 설명을 다룸으로써 학년군에 따라 지시하거나 명령하는 말의 언어적 수준이 약간 높아지도록 하고 있다. '듣고 행동하기'는 말하기 영역에서도 반영되어 있는데, 지시하거나 설명하는 말을 하도록 함으로써 학생 상호간에 듣고 행동하는 활동이 가능하다. 5~6학년군에 제시된 주변 위치나 장소에 대해 쉽고 간단한 문장으로 설명하기는 "Go straight and turn left at the corner."와 같이 길 찾기 지시문을 듣고 찾아가는 것에 해당하므로 '듣고 행동하기'의 일환으로 볼 수 있다.

학년군	영역	성취기준
3~4학년군	듣기	[4영01-05] 한두 문장의 쉽고 간단한 지시나 설명을 듣고 이해할 수 있다.
	말하기	[4영02-05] 한두 문장으로 지시하거나 설명할 수 있다
5~6학년군	듣기	[6영01-01] 두세 개의 연속된 지시나 설명을 듣고 이해할 수 있다.
	말하기	[6영02-01] 그림, 실물, 동작에 관해 한두 문장으로 표현할 수 있다. [6영02-04] 주변 위치나 장소에 대해 쉽고 간단한 문장으로 설명할 수 있다

(교육부, 2015, pp. 13~24)

영어 교과서에서는 '듣고 행동하기'가 세 가지 방식으로 반영되어 있다. 첫째, 듣고 행동하기에 관련되는 교육과정 성취기준과 의사소통기능을 단원 입력 자료인 말이나 대화에 반영한 경우이다. 예시 1과 예시 2에서는 선물을 주면서 "Close/Open your eyes, please."라고 말하거나 선물로 받은 강아지에게 "Sit down."이라고 지시하는 등 유의미한 의사소통 맥락에서 지시하는 말을 듣고 행동하기를 다루고 있다.

둘째, 학습한 내용에 대한 이해 점검을 위해 '듣고 행동하기' 방식을 활용하고 있다. 예시 3에서는 여름 방학에 한 일을 묻고 답하는 대화를 듣고 이해를 점검하기 위한 활동으로 인물과 알맞은 활동 그림을 연결하도록 하고 있다. 예시 4에서는 듣고 등장인물의 표정을 고르고 이를 따라 하도록 하고 있다. 이처럼 듣고 알맞은 대상을 연결하거나 찾고, 행동을 따라 하는 것은 모두 '듣고 행동하기'에 해당한다.

마지막으로 '듣고 행동하기' 방식의 놀이나 게임을 통해 의사소통 표현에 대한 반복적 노출, 주의를 기울여 듣기, 적극적인 참여를 이끌어 내고 있다. 예시 5에서는 찬트를 듣거나 부르면서 가사에 해당하는 그림을 짚어 보도록 하고 있으며, 예시 6에서는 모둠별로 나와 행동을 하면서 표현을 말하면 다른 모둠에서 이를 기억하여 흉내내는 놀이를 하며 "I'm playing the violin."과 같은 표현을 행동과 함께 반복하도록 한다. 이러한 활동을 통해 초등학생들은 학습한 표현을 반복적으로 접할 뿐만 아니라 흥미를 가지고 집중해서 듣게 된다.

예시 1. 동아 3학년 교과서 30쪽

예시 2. 동아 3학년 지도서 128쪽

Look and Listen   Script

1 케이티의 집 앞마당. 집으로 퇴근해 오시는 아빠와 케이티가 서로 인사한다.

Katie's Dad: Hello, Katie.

Katie: Hi, dad.

2 아빠의 품속에 든 것이 무엇인지 확인한다.

Katie's Dad: Close your eyes, please.

Katie: Okay.

Katie's Dad: (겉옷의 지퍼를 열고) Open your eyes, please.

Katie: Wow! It's a dog. Thank you, dad.

3 강아지가 케이티에게 다가온다.

Katie: Sit down.

(강아지가 꼬리를 흔들며 앉는다.)

Listen and Do   대화를 듣고, 각 인물이 여름 방학에 한 일을 찾아 연결해 봅시다.

예시 3. 대교 5학년 교과서 101쪽

Listen and Do

다시 듣고, 예나가 대답할 때의 표정을 고른 후, 따라 해 봅시다.

❶   ❷   ❸

예시 4. YBM(김) 5학년 교과서 9쪽

Chant and Do 찬트를 하며, 해당하는 그림을 짚어 봅시다.

OnYourOwn 직업에 맞는 동작을 하며 찬트를 해 보세요.

예시 5. 천재 4학년 교과서 88쪽

Play 흉내 내기 놀이

행동하면서 표현을 말하면 다른 모둠 친구들은 기억해서 흉내를 내요.

예시 6. YBM(최) 4학년 교과서 73쪽

지도방법 및 활동 유형

'듣고 행동하기'는 다양한 신체 표현 및 활동 방식에 따라 유형을 분류할 수 있다. Halli-well(1992)은 듣고 숫자 쓰기(write down the number of the one you hear), 듣고 표 완성하기(listening grid), 듣고 찾기(listen and find), 듣고 배열하기(listen and arrange), 듣고 순서 정하기(listen and work out the order) 등의 다양한 활동을 제시한 바 있다. 이완기(2009)는 좀 더 체계적으로 유형을 분류하여 듣고 행동하기(listen and do), 듣고 그리기(listen and draw), 듣고 행하기(listen and act)의 세 가지를 제시하였다. 이들 모두 듣고 행동하기(listen and do)로 통합할 수 있겠으나, 다양한 활동의 유형을 제시하였다는 점에서 의미가 있다. 이완기(2009)가 제시한 구체적인 활동의 종류를 살펴보면 다음과 같다.

① 듣고 가리키기(listen and point)

② 듣고 색칠하기(listen and color)

③ 듣고 카드 들어올리기(listen and hold up the card)

④ 듣고 카드 순서대로 놓기(listen and put the cards in order)

⑤ 듣고 카드 빨리 집기(listen and snatch)

⑥ 듣고 숫자 말하기(listen and say the number)

⑦ 듣고 추측하기(listen and guess)

⑧ 듣고 빨리 치기(flying swatter)

⑨ 듣고 자리 바꾸기(musical chair)

영어 수업에서 '듣고 행동하기'는 다음과 같이 세 가지 목적에 따라 활용할 수 있으며, 이들은 앞서 살펴본 '듣고 행동하기'의 교과서 반영 방식과 유사하다.

1) 이해가능한 입력의 제시 및 능동적 듣기

어휘나 표현의 의미를 행동과 함께 보여주며 의미를 이해하도록 하고, 학생들이 이를 행동으로 표현하게 할 수 있다. 이때 개별 문장 혹은 일련의 지시문(action sequence)을 유의미한 맥락 속에서 행동과 함께 제시하는 것이 좋다. 예를 들어 길을 묻고 안내하기 맥락에서 "Go straight.", "Turn left at the corner."와 같은 지시문을 행동과 함께 제시하거나, 인물이나 사물 묘사하기를 위해 "I have long hair." "I have a red shirt."와 같이 설명하는 말을 행동과 함께 보여준다.

2) 이해 점검

말이나 대화를 듣고 이해한 것을 다양한 신체 활동을 통해 표현하게 함으로써 학생들의 이해 여부를 점검할 수 있다. 듣고 해당하는 사람이나 사물, 그림 등을 가리키도록 하거나, 지시하는 말을 듣고 이에 맞게 색칠하기, 듣고 진위형(true/false) 질문에 손을 들어 'O' 혹은 'X'로 표시하기, 듣고 해당하는 카드를 들어올리거나 순서대로 배열하기 등을 활용함으로써, 교사는 학생들이 이해했는지 여부를 신체 표현에 대한 관찰을 통해 쉽게 점검할 수 있다.

3) 언어 연습

학습한 표현에 대한 반복적 노출 및 강화를 위해 '듣고 행동하기'를 포함한 놀이나 게임 활동을 한다. 예로는 'Simon says,' '청개구리 게임,' '카드 빨리 집기 게임(snatch game)'을 들 수 있다. 'Simon says'는 지시하는 말을 'Simon says'와 함께 하면 이에 따르고, 그렇지 않으면 지시에 반응하지 않는 게임이다. '청개구리 게임'은 지시하는 말과 반대로 행동하도록 하는 게임으로서, 'Simon Says'와 함께 지시하거나 설명하는 말을 배우는 단원에서 활용 가능하다. '카드 빨리 집기 게임'은 단원의 주요 낱말, 어구, 문장을 듣고 해당하는 그림 카드를 빨리 집는 게임으로서 단원의 의사소통기능에 관계없이 활용할 수 있다.

지도상 유의점

- 지시하거나 설명하는 말을 동작과 함께 제시할 때, 강세, 리듬, 억양을 살려서 의미 단위로 끊어서 말하면 학생들이 의미를 쉽게 이해하는 데 도움이 된다.
- 초등학생들의 언어적, 인지적 수준을 고려하여 한번에 제시하는 지시문의 수는 5~6개를 초과하지 않도록 한다. 2~3개 이상의 연속된 지시문을 제시할 때에는 문장의 구조를 동일하게 하거나 "Touch your hair."와 "Touch your mouth."와 같이 술어(동사)는 동일하게 유지하되 목적어(명사)를 달리하는 것도 좋은 방법이다. 새로운 표현에 어느 정도 친숙해지면 문장의 구조나 어휘를 변경하거나 조합하여 새로운 표현을 소개한다.

2 Model Lesson

학습목표:	외모를 묘사하는 말과 지시하는 말을 듣고 이해하여 도깨비를 그릴 수 있다.
대상학년:	3~4학년군
의사소통기능:	I have three big eyes. Draw a big mouth.
준비물:	도화지, 색연필
학습조직:	전체

듣고 행동하기는 대부분의 의사소통 기능 학습에서 사용할 수 있지만, 외모 묘사하기, 지시하는 말 하기, 금지하는 말 하기, 길 찾고 안내하기 등의 단원에서 보다 다양하게 활용할 수 있어요.

T: Today, we're going to learn how to describe what someone looks like. First, I have something to show you. Do you want to see it?

Ss: Yeah.

T: All right. (도깨비 가면을 꺼내서 쓰며) Hello, kids!

Ss: Hello.

T: My name is '도깨비.' Nice to meet you all.

Ss: Nice to meet you.

T: (도깨비 가면을 가리키며) Now, I'm going to talk a little bit about myself. Please listen and repeat after me. You'll also do the actions along with me. Okay?

Ss: OK.

T: (가면의 얼굴 가장자리로 동그라미를 그리며) I have a big face.

Ss: (교사의 동작을 따라하며) I have a big face.

T: (가면의 커다란 눈 세 개를 가리키며) I have three big eyes.

Ss: (동작을 따라하며) I have three big eyes.

T: (가면의 코를 가리키고 길게 늘이는 동작을 하며) I have a long red nose.

듣고 행동하기에서 새로운 표현을 제시할 때에는 동작이나 표정, 제스처를 병행하여 의미가 쉽게 전달되도록 해요.

Ss: I have a long red nose.

T: (가면의 입을 가리키고 양 손으로 입 모양을 만들며) I have a big black mouth.

Ss: I have a big black mouth.

T: (두 손가락으로 머리의 뿔모양을 만들며) I have two sharp horns.

Ss: I have two sharp horns.

T: Very good. Everybody did a great job. Now, I'll say a sentence. Please listen carefully and draw as I say. I'll also draw on the board as I say the sentence. Ready?

Ss: Yes.

T: (연필을 필통에서 꺼내보이며) Take out a pencil first.

Ss: (연필을 꺼낸다.)

T: Then, take out colored pencils.

Ss: (색연필을 꺼낸다.)

T: (종이가 담긴 상자를 보여주며) Take a piece of paper from the box.

Ss: (모둠별로 제공된 상자에서 종이를 꺼낸다.)

T: Does everybody have a pencil and a piece of paper? Are you ready to listen and draw?

Ss: Yeah.

T: Good. Then, listen to what I say and draw. Draw a big face shape. (칠판에 빈 얼굴을 커다랗게 그리며) Draw a big face shape like this.

Ss: (종이에 빈 얼굴을 그린다)

학생들이 지시하는 말을 듣고 이해하는 데 어느 정도 친숙해 졌다면 발화할 수 있는 기회를 어떻게 제공할 것인지 생각해보 는 것이 필요해요.

T: (학생들의 그림을 확인한 후) All right. Now, draw three big eyes. What did I just say?

Ss: Draw three big eyes.

T: You guys are very good listeners. Right. (칠판에 눈을 그리며) Draw three big eyes.

5~6학년군 학생들의 경우, 쉬 운 지시문에 친숙해지도록 한 다음에는 2~3개의 연속된 지시 문을 제공하여 듣기 입력에 변 화를 줌으로써 학생들이 계속 집중하도록 유도해요.

Ss: (종이에 세 개의 커다란 눈을 그린다)

T: Good job, class. This time, I'll say a longer sentence. Listen carefully. (천천히 말하며) Draw a long nose and color it red. (칠판 에 코를 그리고 색칠하며) Draw a long nose and color it red.

Ss: (코를 그리고 색칠한다.)

T: You are doing great. Then, draw a big mouth and color it black.

(중략)

T: We're done with drawing. It's time for 'Show and Tell'. Who can come up to the front and show their drawing?

Action Sequence

Take out a pencil.

Take out colored pencils.

Take a piece of paper from the box.

Draw a big face shape.

Draw three big eyes.

Draw a long nose. Color it red.

Draw a big mouth. Color it black.

Draw two small ears and one big ear.

Draw short curly hair.

비슷한 지시문을 반복해서 사용할 때에는 동작이나 제스처를 멈추고 학생들의 신체 반응을 관찰하여 이해 정도를 점검해 보는 것이 좋아요.

듣고 행동하기를 위한 지시나 설명으로서 수업 전에 미리 일련의 지시문(action sequence)을 구성해 두면 유의미하고 이해가능한 언어 입력을 제공할 수 있어요. 우리가 갖고 있는 상황지식(situational knowledge)에 부합되는 지시문의 배열은 학생들의 실생활 경험과 관련되므로 이해하기 용이하고 듣고 행동으로 표현하기도 쉬워요.

듣고 행동하기는 초기 학습자를 위한 활동이므로 쉽고 단순한 언어 입력을 제공하는 것이 중요해요. 동일한 동사를 계속 사용하여 지시문을 구성하면 반복적 노출을 통한 해당 어휘의 습득 가능성이 높아지고, 듣기에 대한 인지적, 정의적 부담도 줄일 수 있어요.

전체 활동을 할 경우, 학생들이 움직일 수 있는 공간이 충분한 지 확인이 필요해요.

학습목표:	지시하는 말을 듣고 이해하여 '들은대로 행동하기 (Don't Look at Me. Just Listen)' 게임에 참여할 수 있다.
의사소통기능:	Touch your mouth.
어휘:	touch, hair, mouth, eye, ear, nose.
대상학년:	3~4학년군
학습조직:	전체

이 활동은 학생들이 들은 내용을 몸으로 표현하는 것에 어느 정도 친숙해지도록 한 다음에 시도하면 좋아요.

T: It's time for a game. Today, we're going to play the game "Don't Look at me. Just Listen." Are you excited?

Ss: Yeah!

T: I'll tell you how to play the game first. For this game, I'll show you an action as I say a sentence. But, remember this. The sentence will not match the action. For example, I might say the sentence "Touch your nose," (입을 만지며) while touching my mouth like this. Then, what should you do? Touch your nose or your mouth?

교사가 말하는 내용과 다른 행동을 하면서 말을 한 후 들은 대로 행동하게 하는 방법은 학생들로 하여금 듣기에 집중하도록 할 수 있어요. 이러한 언어 표현은 단순하지만 인지적으로 난이도가 있기 때문에 학생들이 흥미롭게 참여할 수 있어요.

S1: Touch my mouth?

T: No, don't follow my action. You have to listen carefully and do as I say. Here, you would touch your nose because that's what I said.

Ss: I see.

T: Before playing the game, do you want to practice a little bit?

Ss: Yes.

T: All right. Stand up, class. Now, I'll say a sentence and act. (귀를 만지며) Touch your nose.

S1: (귀를 만진다.)

S2: (코를 만진다.)

T: Oops! Who touched the ears? Hands up!

Ss: (귀를 만진 학생들은 손을 든다.)

T: If you just follow my action without listening to what I say, then you'll have to sit down. If you remain standing until the end of the game, you'll be the winner. Okay?

Ss: Okay.

T: Now, let's play the game.

(하략)

③ Task

- Task 1. 아래에 제시된 의사소통기능과 어휘를 활용하여 학생들과 간단한 체조를 할 수 있는 '일련의 지시문(action sequence)'을 구성해 보세요.

대상학년:	3~4학년군
의사소통기능:	Walk slowly. Touch your foot.
어휘:	walk, turn left, turn right, turn around, jump, fast, slowly, touch, hair, shoulder, arm, leg, foot, hand

- Task 2. 아래의 활동 방법을 참고하여 학생들에게 활동을 설명하는 교실 담화를 구성해 보세요.

활동명:	짝과 함께 색칠하기
대상학년:	3~4학년군
의사소통기능:	Walk slowly. Touch your foot.
어휘:	walk, turn left, turn right, turn around, jump, fast, slowly, touch, hair, shoulder, arm, leg, foot, hand

Play Together 같은 그림 완성하기

동아 3학년 교과서 113쪽

<How to play>

1. Pair up.

2. Color the items in 'my' picture.

3. Take turns telling your partner to color the items the same as 'my' picture.

4. Compare 'my' picture and 'partner' picture to see which items you colored the same.

④ Classroom English

Categories	Teacher Talk
Listen and do: General instructions	• Listen carefully and do as I say. • Listen and do as I do. • Watch me and follow my actions. • I'll do some actions. Watch me and do the same. • I'll give you commands to do something, and you will do the actions along with me. • I'll give you a series of commands, and I'll also do the actions as I say them. • I'll give you commands, and you do the actions.
Listen and arrange	• Listen and put the cards in the right order. • Listen and put the pictures in the correct order.
Listen and number	• Listen and number the pictures correctly. • Listen and write down the number you hear.
Listen and identify	• Listen and circle the correct picture. • Listen and point to the one you hear. • Listen and snatch the word I say as soon as possible. • Listen and take the matching card quickly. • Listen and put up the matching card.
Listen and draw/ color	• Listen and draw as I say. • Listen and color the clothing items correctly. • Color the shirt red. • Color the gloves yellow.

4장 음소 인식
(Phonemic Awareness)

① 이론적 배경

정의

음소 인식(phonemic awareness)은 음성 언어를 듣고 낱말을 구성하는 개별 소리인 음소(phoneme)를 식별하고 조작할 수 있는 능력을 말한다(Schwanenflugel & Knapp, 2016; Yopp & Yopp, 2000). 예를 들면, 낱말 'sun'은 세 개의 소리를 가지고, 'sit'과 같은 소리로 시작하며, 첫소리 /s/를 빼면 'un'이 됨을 알 수 있는 능력이다. 음소 인식을 이해하기 위해서는 관련 용어와 개념을 알아보는 것이 필요하다(표 1). 음소는 의미의 차이를 만드는 소리의 가장 작은 단위로서, 자음(consonant)과 모음(vowel)을 말한다. 보다 큰 소리의 단위로는 음절(syllable)이나 온셋(onset)-라임(rime)을 들 수 있는데, 이에 대한 인식을 포함할 경우 음운 인식(phonological awareness)이라고 한다. 따라서 음소 인식은 음운 인식의 일부이다. 음소 인식 지도는 소리 간의 유사성이나 차이점을 식별하는 데 초점을 두는 발음 지도와 관련되지만, 일반적으로 낱말의 소리와 철자 관계를 다루는 파닉스와 연계되는 교육적 접근으로 받아들여진다. 음성 언어에서 낱말의 개별 소리를 인식할 수 있어야 문자로 제시된 낱말의 철자가 어떤 음가를 가지는지 이해할 수 있다고 보기 때문이다.

Terms	Definitions	Examples
Phoneme	The smallest unit of sounds that makes a difference in communication	The spoken word *fly* consists of three phonemes: /f/-/l/-/aɪ/. It differs from the word *flea* -/fliː/ by one phoneme.
Syllable	A unit of speech consisting minimally of one vowel and maximally of a vowel preceded by a consonant or consonant cluster and followed by a consonant or consonant cluster.	The spoken word *bite* is a single syllable word, but the word *bitter* is a two syllable word.
Onset/ Nucleus/Coda	A syllable can be divided into three parts: the beginning, called the *onset* the central part, called the *nucleus* or peak the end, called *coda* or *final*	In the word *bite*, /bayt/, /b/ is the onset, /ay/ the nucleus, and /t/ the coda.
Onset/Rime	A syllable can also be divided into two parts: the consonant phonemes before the vowel, called the *onset* the vowel phonemes and any subsequent consonants, called *rime*	The words *fish* and *dish* share the same rime, /ɪʃ/.
Phonemic awareness	The awareness that oral language consists of a sequence of phonemes	How many sounds in the spoken word, *dog*? Say all the sounds you hear.
Phonics	A way of teaching reading and spelling that stresses spelling-sound relationships (in alphabetic orthographies)	The letter *m* is used to represent the italicized sounds in the following words: *m*ilk, *m*om, ha*m*, ja*m*, gu*m*, ju*m*p.
Auditory discrimination	The ability to hear likenesses and differences in phonemes and words	Say these sounds: /t/, /p/. Are they the same or different?

(Goswami, 2001, p. 117; Richards & Schmidt, 2000, p. 576; Yopp & Yopp, 2000, p. 131)

필요성

음소 인식은 처음 들었을 때 다소 생소하고 어렵게 느껴지는 개념이지만, 초등학교 영어 학습자들의 듣기 및 어휘 발달, 읽기, 쓰기와 밀접하게 관련되는 기능이므로 알아 둘 필요가 있다. 먼저, 듣기에서 가장 기초적인 기능은 연속되는 말(speech stream)을 듣고 이를 유의미한 단위로 분할하는 것인데, 음소 인식은 말이나 대화를 듣고 낱말을 식별하는 데 중요한 역할을 한다. 예컨대, 음성 언어를 듣고 이 속에서 'bat' 이라는 낱말을 식별하기 위해서는, 해당 낱말을 이루는 개별 소리 /b/, /æ/, /t/를 모두 인식할 수 있어야, 유사 낱말 'cat,' 'bit', 'bap'과 혼동하지 않고 식별할 수 있기 때문이다. 이처럼 음소 인식은 음성 언어를 듣고 낱말을 정확하게 식별하는 데 필요하며, 낱말을 식별하지 못하면 기초적인 의미 이해가 어렵기 때문에 음소 인식은 듣기 기능의 발달에 필수적이다. 음소 인식은 듣기 및 어휘 발달과 서로 상보적인 관계이기도 하다(Ehri, 1998; Goswami, 2001; Metsala & Walley, 2003). 즉, 학습자들이 듣기 자료에 많이 노출되고 알고 있는 어휘가 증가하게 되면 낱말의 개별 소리에 대한 인식이나 민감도가 높아진다 . 또한 음소 인식이 발달하게 되면 소리가 유사한 단어들도 쉽게 인식하고 기억할 수 있다. 더욱이 영어를 외국어로 배우는 우리나라 학습자들은 우리말에 없는 영어의 소리를 어려워하거나, 강세박자 언어인 영어의 소리를 듣고 의미 단위로 분할하는 데 어려움을 느끼는 경우가 많기 때문에 음소 인식 지도를 통해 어휘 발달을 촉진시킬 수 있다.

음소 인식은 음성 언어 기능으로 분류되지만, 읽기와 쓰기 발달에도 매우 중요하다. 먼저 읽기에서는 시각적인 문자 정보를 소리로 변환하여 읽는 해독(decoding) 능력의 발달에 중요한 역할을 한다. 구두로 접한 낱말의 개별 소리를 인식하지 못하게 되면, 낱말을 구성하는 개별 철자와 소리를 연결하지 못하게 되고, 결과적으로 철자를 소리로 변환하여 읽는 해독에 어려움을 겪기 때문이다. 이러한 이유로 음소 인식은 낱말의 소리와 철자 관계를 다루는 파닉스 이전에 지도하는 것이 발달 단계상 자연스럽다. 음소 인식은 쓰기와도 관련성이 높은데, 낱말을 듣고 철자를 쓰는 데 중요한 역할을 한다(이윤, 2004; Stuart, 1999). 스펠링 쓰기는 기본적으로 낱말의 소리 정보를 철자로 변환하는 과정이기 때문에, 개별 소리를 인식하지 못할 경우 철자를 누락하여 쓰거나, 소리에 대응하지 않는 철자를 쓰거나, 없는 철자를 쓰기도 하기 때문이다.

교육과정 및 교과서 관련성

교육과정에서는 음소 인식에 해당하는 성취기준을 3~4학년군 듣기와 말하기 영역에서 제시하고 있다. 듣기 영역 에서는 "[4영01-01] 알파벳과 낱말의 소리를 듣고 식별할 수 있다."이고, 말하기 영역 에서는 "[4영02-01] 알파벳과 낱말의 소리를 듣고 따라 말할 수 있다."이다. 이들 성취기준에서 '알파벳과 낱말의 소리'는 낱말을 구성하는 소리의 단위인 음소, 온셋과 라임, 음절을 가리킨다. 그리고 알파벳과 낱말의 소리를 별개로 다루는 것이 아니라, 낱말 속에서 개별 소리를 인식하도록 하는 것을 의미한다. 영어는 소리와 철자가 일대일로 대응하지 않으므로, 알파벳의 소리를 하나로 고정하기 어려운 경우가 많기 때문이다. 예를 들어 철자 'C'가 /k/ 또는 /s/로 발음되는 것처럼 철자 하나가 하나 이상의 소리를 가지는 경우도 있고, 자음 /k/는 철자 'K' 또는 'C'로 쓰듯이 서로 다른 철자가 같은 소리를 나타내기도 한다(Ediger, 2001). 알파벳과 낱말의 소리를 분리하여 다루기는 어렵기 때문에, 위 성취기준은 음성 언어에서 친숙한 낱말들을 통해 낱말이 자음과 모음의 개별 소리(분절음)로 구성된다는 것을 인식하도록 하는 데 초점을 두어야 한다. 성취기준의 '교수·학습 방법 및 유의사항'에서도 "알파벳 소리를 지도할 때에는 친숙한 낱말 및 다양한 듣기 자료를 통해 알파벳의 소리를 자연스럽게 식별할 수 있도록 지도한다." (교육부, 2015, p. 14)고 제시하고 있다.

읽기와 쓰기 영역의 파닉스 관련 성취기준도 음소 인식과 관련이 있다(☞ 8장 파닉스 참고). 3~4학년군 읽기 영역의 [4영03-02]와 5~6학년군 쓰기 영역의 [6영04-01]은 낱말을 읽고 쓰는 데 있어서 철자와 소리 단서를 활용하도록 한 것이기 때문에 음소 인식이 기반이 되었을 때 원활하게 도달할 수 있는 성취기준들이다.

〈표 2〉 음소 인식 관련 교육과정 성취기준

학년군	언어 기능	성취기준
3~4 학년군	듣기	[4영01-01] 알파벳과 낱말의 소리를 듣고 식별할 수 있다. (음소인식)
	말하기	[4영02-01] 알파벳과 낱말의 소리를 듣고 따라 말할 수 있다. (음소인식)
	읽기	[4영03-02] 소리와 철자의 관계를 이해하여 낱말을 읽을 수 있다. (파닉스)
5~6 학년군	쓰기	[6영04-01] 소리와 철자의 관계를 바탕으로 쉽고 간단한 낱말이나 어구를 듣고 쓸 수 있다. (파닉스)

(교육부, 2015, pp. 13~29)

영어 교과서에서는 주로 3학년에서 음소 인식 활동을 제시하고 있는데, 알파벳의 음가를 지도하는 것과 연계하고 있다. 예시 1에서는 찬트를 하면서 'apple, banana, cup, dog'의 첫소리에 주목하여 듣고 말하도록 하며, 이후 연습 활동으로 낱말을 듣고 첫소리를 고르는 활동을 제시하고 있다. 예시 2에서는 친숙한 낱말 'bag, ball'을 들으면서 /b/의 소리를 인식하고, 철자 'B, b'와 연결하며 읽도록 하고 있다. 두 교과서 모두 알파벳과 낱말의 소리를 인식하는 데 있어서 'apple, bag, ball, banana, cup, piano' 등 일상생활에서 접할 수 있는 친숙한 낱말들을 활용하고 있으며, 낱말의 모든 소리가 아닌 첫소리에만 주목하도록 하여 초등학교 학생들에게 적합한 수준의 음소 인식을 다루고 있다. 음소 인식은 음성으로 낱말을 듣고 개별 소리를 인식하는 것이지만, 두 교과서 모두 소리에 해당하는 철자도 함께 제시한 점이 특징이다. 이러한 방식은 소리를 생각하기 위한 수단으로서 철자를 활용하도록 하고, 소리와 철자의 관계를 이해하는 데에도 도움이 된다. 음성 언어와 문자 언어는 상보적으로 발달하기 때문에, 철자를 병행하여 가르침으로써 알파벳의 소리를 더 잘 인식하게 되는 것이다(Hohn & Ehri, 1983; Olson, 1977, 1996).

예시 1. YBM(최) 3학년 교과서 15쪽

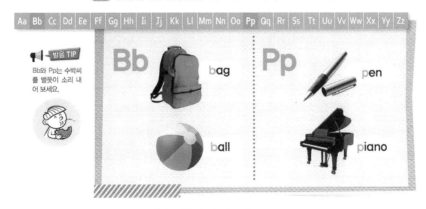

예시 2. 천재 3학년 교과서 22쪽

지도 방법 및 활동 유형

음소 인식 또는 음운 인식 수업을 계획할 때에는 세 가지 사항을 고려할 수 있다. 첫째, 음소, 온셋-라임, 음절 중 어떠한 소리의 단위(units of sounds)에 초점을 둘 것인지 정하여 낱말을 선정한다.

- 음소에 초점을 둘 경우 낱말의 모든 음소를 다루는 것보다는 단음절어를 기준으로 첫자음, 끝자음, 가운데 모음 등 한번에 하나의 소리를 다루는 것이 좋다. 'bus, banana, book'과 같이 같은 자음으로 시작하거나 'boat, eat, cat'과 같이 같은 자음으로 끝나는 낱말을 활용하여 목표 자음을 인식하도록 한다. 이 때 학생들이 음성 언어에서 이미 친숙한 낱말을 활용하면 의미보다 소리에 집중하게 할 수 있다.
- 온셋-라임에 초점을 둘 경우 'cat, hat, mat' 혹은 'light, right, night, bright' 과 같이 각운(rhyme)을 이루는 낱말이나, 'black, blue, blouse'와 같은 혼합 자음(consonant blend)으로 시작하는 낱말들을 선정한다.
- 음절에 초점을 둘 경우 'banana, kangaroo'와 같이 쉽고 친숙한 다음절어, 혹은 'airplane, bedroom'과 같이 친숙한 단음절어로 구성된 다음절어를 활용할 수 있다.

둘째, 다양한 음소 인식 과업의 유형을 고려하여 적절한 난이도의 활동을 선정하되, 초등학생들이 흥미를 가지고 참여할 수 있는 게임, 노래 등의 방식을 적극 활용한다. Yopp과 Yopp(2000)은 낱말의 소리를 식별하고 조작하도록 하는 다양한 과업을 소개하였는데, 이 중 초등학교 영어 수업에서 활용할 수 있는 것으로 매칭하기(matching), 분리하기(isolation), 분절하기(segmentation)가 있다.

〈표 3〉음소 인식 과업

과업유형	음절(Syllable)	온셋(Onset)-라임(Rime)	음소(Phoneme)
매칭하기 (Matching)	Do these start the same? *Sandwich / sandbag*	Do these start the same? *Start / stand*	Do these start the same? *cat / kite*
분리하기 (Isolation)	What do you hear at the beginning of *under*?	What do you hear at the beginning of *black*?	What do you hear at the beginning of *bug*?

분절하기 (Segmentation)	Tell the parts you hear in this word: *table.* *(ta-ble)*	Tell the sounds you hear in this word: *spoon.* *(sp-oon)*	Tell the sounds you hear in this word: *dog.* *(d-o-g)*

(Yopp & Yopp, 2000, p. 134)

위에 제시된 음소를 식별하고 조작하는 과업은 간략하게 교사와 학생 간 상호작용을 통해서도 수행할 수 있지만, 게임이나 놀이, 노래 등의 다양한 활동을 통해서 수행하는 것이 효과적이다.

- 음소 인식에 초점을 둘 경우 낱말 쌍이나 세트를 제공하여 첫소리나 끝소리가 다른 낱말을 찾는 'Odd one out' 활동, 같은 소리로 시작하는 낱말의 그림 카드 짝 맞추기 게임을 활용할 수 있다.
- 온셋과 라임에 초점을 둘 경우 'Dr. Seuss rhymes'이나 노래, 찬트를 활용하여 'cat, hat, mat'과 같이 각운(rhyme)을 이루는 낱말의 소리에 친숙해지도록 하는 것이 좋다.
- 음절에 초점을 둘 경우 낱말의 음절 수만큼 박수를 치면서 낱말을 말하게 하거나, 'bedroom'와 같은 다음절어에서 내가 알고 있는 낱말을 찾아 말하기를 할 수 있다.

이 외에도 음소 인식과 관련한 활동으로 청화식 교수법(Audiolingual Method)에서 제안한 최소대립쌍(minimal pair)을 생각해 볼 수 있다. 최소대립쌍은 하나의 음소만 다른 낱말의 쌍으로서, 이를 활용하여 소리 간의 차이를 정확하게 식별하고 발음할 수 있다. 예를 들어 낱말 쌍 'bear, pear'나 'big, pig', 'buy, pie'를 활용하여 /b/와 /p/의 소리를 구별하도록 한다. 최소대립쌍은 소리 간의 차이에 주목한 것으로 발음 지도를 위해 주로 사용되지만, 낱말 내에서 특정 음소를 부각하여 인식하도록 하므로 음소 인식에도 유용하다.

셋째, 음소 인식 지도에서 철자를 병행하여 사용할 것인지, 음성 언어로만 진행할 것인지 결정하도록 한다. 예를 들어 'buy, pie'와 같은 최소대립쌍 활동이나 'cat, kite'와 같은 낱말을 듣고 첫 자음 매칭하기를 할 경우, 철자가 다르므로 소리도 다를 것이라는 혼동을 줄 수 있으므로 음성 언어로만 진행하는 것이 좋다. 반면, 철자 'B'의 음가를 인식하도록 하기 위해 'bus, banana, button'과 같은 낱말 세트를 활용하는 경우, 철자 'B'를 제시함으로써 첫소리를 인식하는 데 도움을 줄 수 있다.

지도상 유의점

- 음소 인식을 지도하기 위해서는 초등학생들에게 친숙한 낱말을 활용하는 것이 좋다. 낱말의 의미를 이미 알고 있으므로 낱말의 소리에 집중할 수 있어 인지적으로 부담이 적기 때문이다.
- 음소 인식의 지도는 알파벳 지도와 연계하여 실시하는 것도 좋다. 알파벳 지도는 철자의 모양과 이름, 음가를 지도하는 것인데, 이 때 알파벳의 음가를 가르치는 것이 음소 인식에 해당한다. 예를 들어 철자 'D'의 음가를 가르치기 위해서 'desk, doll, dog, door'의 낱말을 듣고 첫소리를 말해보도록 하고 이에 대한 철자로 'D'를 제시한다.

2 Model Lesson

학습목표:	구두로 친숙한 낱말을 활용하여 /k/와 /d/ 소리를 인식할 수 있다.
대상학년:	3~4학년군
어휘:	banana, book, cat, cup
준비물:	그림 카드, 철자 카드
학습조직:	전체

T: Today, we'll play with the sounds of some words. We'll play with the sounds /b/ and /k/. Are you ready?

Ss: Yes.

T: Good. I'm going to say two words. Please listen carefully to the words and tell me if they start the same. OK? (pause를 두고) 'banana, book.' Do they start the same?

Ss: Yes.

T: Very good. What words did you hear? Can anyone tell me?

S1: Banana and book.

T: Excellent. I said the words 'banana' and 'book.' They start the same. What sound did you hear at the beginning? What's the first sound?

S2: /b/

T: Perfect. The words 'banana' and 'book' start with the same sound /b/. Can you guys sound it out? Let's try. (바나나 그림 카드와 철자 B카드를 보여주며) /b/ /b/ banana.

Ss: /b/ /b/ banana.

T: (책 그림 카드와 철자 B카드를 보여주며) /b/ /b/ book.

Ss: /b/ /b/ book.

T: Very good. Now I'm going to say another set of words. Listen carefully to the words and tell me if they start the same. Ready?

한 번에 다루는 소리의 개수는 40분 수업에서 음소인식의 비중에 따라 달라요. 10분 이하인 경우 2개 정도의 소리가 적당해요.

음소인식은 음성 언어 기능으로, 문자로 제시하지 않고 구두로만 단어를 제시해요.

자음은 해당 자음으로 시작하는 낱말 세트, 두운(alliteration)을 많이 이용해요. 첫 자음이 가장 인식하기 좋기 때문이지요.

음소인식 과업에서 낱말쌍이 같은 자음으로 시작하는지 물어보는 것이 매칭하기(matching) 과업이에요.

단어의 첫 자음만 따로 떼어서 소리 내는 것을 분리하기(isolation)라고 해요. 이때, 자음을 분리하여 생각하기 용이하도록 철자 카드를 보여줄 수 있어요.

Ss: OK.

T: 'Book, cup.' Let me say the words again. 'Book, cup.' Do these words start the same?

Ss: No.

철자 C는 두 개의 소리 /k/ 와 /s/가 있지만 /k/의 빈도가 70% 이상이므로 철자 C의 음가로 /k/를 먼저 지도해요. 'cup, city'와 같이 같은 철자이지만 소리가 다른 단어 쌍은 철자를 알고 있는 학생들에게 혼동을 줄 수 있으므로 사용하지 않는 것이 좋아요.

T: Right. They don't start the same. Let me say one more set of words. Please listen. 'Cup, cat.' Do these two words start the same?

Ss: Yes, they start the same.

T: Great. What sound did you hear first? Can you sound it out?

S3: /k/

T: Right. Let's say the words with the first sound. (컵 그림 카드와 철자 C 카드를 보여주며) /k/ /k/ cup.

Ss: /k/ /k/ cup.

T: /k/ /k/ cat.

Ss: /k/ /k/ cat.

T: Good job, class.

학습목표:	'그림 카드 짝 맞추기 활동'에 참여하며, 구두로 친숙한 낱말을 활용하여 /b/와 /k/ 소리를 인식할 수 있다.
어휘:	banana, book, bus, bag, cat, cup.
대상학년:	3~4학년군
준비물:	그림 카드
학습조직:	소집단

T: Now, we're going to play a game with the sounds /b/ and /k/.

We're going to play a matching game. Are you excited?

Ss: Yeah!

T: You're going to work in groups of four. How many in a group?

Ss: Four.

T: Great. Get into groups of four.

Ss: (모둠을 정한다.)

T: All right. I'll give a set of picture cards to each group. Group leaders, please come out and take the cards.

Ss: (그림 카드 세트를 가져간다)

T: There are 8 cards. Put all the cards face down on a desk in the middle of your group. Are you done?

Ss: Yes, we're done.

T: Good. Now, we're ready to play the game. Let me show you how to play. Do rock-paper-scissors to decide who goes first. Then, the first student turns over two cards and say the words. If the words start the same, the student can take the cards. If not, put the cards back face down. Do you want to practice the game a bit?

Ss: Yes.

T: Okay. Do rock-paper-scissors with your group members.

Ss: (짝과 함께 가위바위보를 한다)

T: Who are the winners? Winners, put up your hands.

활동 방법을 안내할 때 교사가 일방적으로 설명하는 것보다 학생들의 이해를 점검하는 발문을 함으로써 학생들을 참여시키고 주의를 기울여 듣도록 할 수 있어요.

게임 방법이 간단한 경우에는 학생 전체에게 연습 게임을 해 보게 하면 쉽게 이해시킬 수 있어요. 그러나 게임 방법이 복잡한 경우에는 교사가 학생과 함께 시범을 보이는 것이 좋아요.

Ss: (이긴 학생이 손을 든다)

T: Winners, choose two cards and turn them over.

Ss: (이긴 학생들은 카드 두 장을 골라 뒤집는다)

T: Do the two words start the same? Do they start with the same sound? S1, what cards do you have?

S1: Book and bus.

T: Do they start the same?

S1: Yes.

T: Right. The words 'book' and 'bus' start with the sound /b/. They start the same. Then, you can take the cards. What if you have the words 'book' and 'cat'? Can you take the cards?

S1: No.

T: Now, do you understand how to play this game? Is everything clear?

Ss: Yes.

T: Great! Everyone, please continue.

③ Task

• Task 1. 제시된 어휘를 활용하여 자음 /d/와 /f/를 지도하는 교실 담화를 구성해 보세요.

대상학년:	3~4학년군
어휘:	dog, door, five, fork.

• Task 2. 제시된 활동 방법과 어휘를 참고하여 활동을 진행하는 교실 담화를 구성해 보세요.

활동명:	낱말의 첫 자음에 해당하는 철자 카드 집기
대상학년:	3~4학년군
어휘:	dog, door, desk, doctor, five, fork, fan, banana, book, bus, bag, cat
준비물:	철자카드 B, C, D, F

⟨How to play⟩

1. Make pairs.
2. Put the four letter cards B, C, D, and F in the middle of the desk.
3. When the teacher says a word, snatch the matching letter for its beginning sound as soon as possible.
4. The student who snatches the letter card first can take it.
5. The student with more letter cards wins.

④ Classroom English

Categories	Teacher Talk
Listening to the sounds of words	• Listen to the words I say. • Listen for the first sound of each word. • Listen for the last sound of each word. • Listen for the middle sound of the word 'cat.'
Identifying the sounds of words	• The word 'bed' starts with the sound /b/. • The word 'bat' ends with the sound /t/. • These two words start with the same sound. They start with /b/. • These words end with the same sound. They end with /t/. • We can hear the sound /æ/ in the middle. • Group the words with the same beginning sounds.
Minimal pair	• Listen carefully to a pair of words. • These two words differ only in one sound. • What sound is different in the two words?
Matching	• Do these words start the same? • Do they begin with the same sound? • Do these words end with the same sound?
Isolation	• What sound did you hear first/at the beginning? • Can you say the first sound of this word? • What sound did you hear at the end? • Can you say the last sound of this word? • What sound did you hear in the middle?
Segmentation	• How many sounds did you hear in this word? • Tell me all the sounds you hear in this word.

5장 강세, 리듬, 억양
(Stress, Rhythm, & Intonation)

 1 이론적 배경

정의

강세(stress)는 음절을 발음할 때 부여되는 힘 또는 에너지를 의미하며, 강세를 받는 음절이 다른 음절보다 더 길고 크게, 그리고 높게 발음된다. 강세는 단어 강세와 문장 강세를 포함한다. 단어 강세는 사전에서 찾아볼 수 있듯이 정해진 위치에 고정되어 있으며, 강세 위치에 따라 품사와 발음이 달라지기도 한다. 예를 들면, 'present'라는 단어는 명사로 사용될 때 강세가 첫 음절에 오며 [préznt]로 발음되지만, 동사로 사용될 때는 강세가 두 번째 음절에 오며 [prizént]로 발음된다. 리듬(rhythm)은 문장 강세에 해당되며, 문장 내에서 강세를 중심으로 강세 음절과 무강세 음절 간의 규칙적인 조합을 의미한다. 문장 강세는 주로 명사, 동사, 형용사 등 내용어(content word)에 주어진다. 이는 의미 전달에서 내용어가 기능어(function word)보다 더 중요한 역할을 하기 때문이다. 하지만 문장 강세는 단어 강세에 비해 유동적이므로, 화자의 의도에 따라 내용어가 아닌 기능어에 강세가 주어지기도 한다. 따라서 동일한 문장이라도 정보의 상대적 중요도에 따라 문장 강세가 달라지며, [강약약], [약강약], [약약강] 등 다양한 리듬을 가지게 된다. 억양(intonation)은 문장에 성조(tone)를 부여하는 것으로서, 영어에는 Wh-의문문에 나타나는 상승-하강 억양과 Yes/No-의문문에 나타나는 상승 억양 등이 있다.

영어 발음은 자음, 모음, 강세, 리듬, 억양으로 구성된다. 이 중 자음과 모음은 분절음(segment)이라 불리우며, 강세, 리듬, 억양은 초분절음(suprasegment)이라 일컬어진다. 영어의 초분절음적 요소는 강세 박자 언어(stress-timed language)의 특성을 반영하며, 이는 음절 박자 언어(syllable-timed language)인 우리말과 차이가 있다. 즉 강세 박자 언어에서는 강세가 규칙적 간격으로 주어지며, 강세를 받는 음절을 더 강하고 길게 발음하므로 강세의 수에 따라 발화 소요 시간이 달라진다. 반면 음절 박자 언어에서는 각 음절이 똑같은 길이로 발화되므로 음절 수가 많을수록 발화 소요 시간이 길어진다.

- ***Stress***: the amount of effort or energy expended in producing a syllable (Pennington, 1996, p. 129)
- ***Rhythm***: the perceived regularity of prominent units of speech. These regularities may be stated in terms of patterns of stressed vs. unstressed syllables (Crystal, 1991, p. 302).
- ***Intonation***: the combination of musical tones on which we pronounce the syllables (Prator & Robinett, 1985, p. 44)

필요성

구두로 이루어지는 의사소통에서 화자와 청자 간 올바른 의사전달이 이루어지기 위해서는 일차적으로 발음이 중요하다. 음성 언어가 중심이 되었던 청화식 교수법(Audiolingual Method)때부터 자음과 모음 등의 개별 소리를 정확하게 발음하도록 강조해왔으며, 이후 의사소통중심 교수법(Communicative Language Teaching)이 유창성을 강조함에 따라 초분절음으로 관심이 이동되었다. 하지만 의사소통에 장애가 되지 않을 정도의 이해 가능한 발음(intelligible pronunciation)이 가능하기 위해서 분절음과 초분절 간 논쟁보다는 균형 있는 시각이 요구된다. 즉 이해 가능한 발음은 원어민과 같은 발음의 정확성을 목표로 하기보다는 청자가 의미를 이해하는 데 지장을 주지 않을 정도에서 분절음과 초분절음을 사용할 줄 알아야 한다. 특히 음절 박자 언어가 모국어인 우리나라 학습자들은 영어의 강세 박자 언어의 특성을 잘 인지하지 못하고 잘못된 강세 위치에서 발음하거나 모든 음절에 강세를 두고 발화하는 경향이 있다. 그 결과 화자의 말은 다른 의미로 잘못 이해될 수 있다. 따라서 영어의 강세, 리듬, 억양에 맞게 언어를 사용하는 데 주의를 기울이도록 해야 할 것이다.

교육과정과 교과서 관련성

초등영어에서는 음성 언어 중심의 의사소통이 주로 이루어지므로, 교육과정에서는 발음의 5가지 구성 요소인 자음, 모음, 강세, 리듬, 억양을 배우도록 '내용 체계표'와 '성취기준'에 반영하고 있다. '내용 체계표'에 따르면, 분절음과 초분절음을 포함한 '소리, 강세, 리듬, 억양'은 영어에서 배워야 할 필수 학습내용으로 제시되어 있다. 초분절음과 관련된 '성취기준'을 제시하면, 표 1과 같다. 이들 성취기준들은 영어 낱말·문장을 말할 때 강세를 받는 소리·낱말이 있으며 억양의 높낮이가 있음을 익히도록 한다.

〈표 1〉 초분절음 관련 성취기준

학년군	영역	성취기준
3~4학년군	듣기	[4영01-02] 낱말, 어구, 문장을 듣고 강세, 리듬, 억양을 식별할 수 있다.
	말하기	[4영02-02] 영어의 강세, 리듬, 억양에 맞게 따라 말할 수 있다.
5~6학년군	읽기	[6영03-01] 쉽고 간단한 문장을 강세, 리듬, 억양에 맞게 소리 내어 읽을 수 있다.

(교육부, 2015, p. 13, p. 15, p. 26)

초분절음에 대한 '교수·학습 방법'으로 "노래와 찬트는 영어의 강세, 리듬, 억양을 익히기에 좋은 언어 자료"이므로, "학습자들이 노래와 찬트를 듣고 내용을 이해하고 반복적으로 들으면서 자연스럽게 따라 부르도록" 제시하고 있다(교육부, 2015, p. 14). 노래와 찬트는 어린 학습자들이 좋아하는 활동이면서 반복적인 요소를 포함하고 있어, 영어 모국어 화자의 초기 말하기 능력을 기르는 데 중요한 역할을 하며 어린이들을 위한 교실 활동의 주를 이룬다(윤여범, 서진아, 2017). 노래와 찬트의 효과는 외국어 학습자에게도 적용되어 영어의 강세, 리듬, 억양을 연습할 때 많이 활용되고 있다.

초등영어 교과서는 교육과정 '성취기준' 및 '교수·학습 방법'에 근거하여 노래와 찬트를 통해 강세, 리듬, 억양을 익히도록 하고 있다. 3~4학년에서는 학생들이 움직이기 좋아하는 특성을 반영하여 노래나 찬트를 부르면서 신체 활동을 같이 하며, 낱말 수준에서부터 문장, 간단한 대화 등에서 강세, 리듬, 억양에 익숙해지도록 하고 있다. 예시 1, 2는 "Happy, happy, I'm happy." 등의 주요 표현을 찬트로 부르면서 동시에 알맞은 동작을 하도록 제시함으로써 리듬에 맞추어 자연스럽게 강세와 리듬을 익히도록 하고 있다. 예시 3은 읽기로 제시된 지문을 듣고 따라하기를 반복하며 강세, 리듬, 억양에 맞게 주의하여 읽도록 제시하고 있다.

예시 1. 천재(최) 4학년 교과서 38쪽

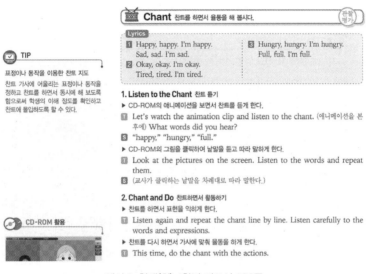

예시 2. 천재(최) 4학년 지도서 136쪽

예시 3. YBM(김) 5학년 교과서 100쪽

지도 방법 및 절차

영어 발음 지도는 앞서 언급하였듯이 분절음과 초분절음으로 나뉜다. 분절음은 영어의 자음과 모음이 가진 소리의 차이를 이해하고 식별하여 발음할 수 있도록 지도하며, 초분절음은 노래와 찬트를 통해 영어의 운율적 요소인 강세, 리듬, 억양을 익힐 수 있도록 지도할 수 있다. 노래와 찬트의 장점은 리듬을 갖고 있어 학습의 흥미를 북돋우며, 초기 영어 학습자들이 교사의 시범에 따라 부르다가 점차 스스로 자연스럽게 발음하게 되면서 자신감을 갖게 한다는 점이다(노경희, 2015). 또한 노래와 찬트는 간단한 동작 또는 강세, 리듬, 억양을 표시하는 시각 자료와 같이 제시하면 초분절음적 요소를 훨씬 잘 기억하게 한다(노경희, 2015). 반면 노래와 찬트는 모든 학생들이 좋아하는 것이 아니므로, 학습자들의 나이와 흥미, 영어 수준을 고려하여 선정해야 한다. 예를 들면, 복잡한 멜로디보다는 따라 부르기 쉽고 기억하기 쉬운 멜로디를 가진 노래를 선택하는 것이 좋다.

노래와 찬트 지도 절차는 다음 5단계로 구성된다(Cross, 1995). 먼저 노래/찬트를 들려준 후(presentation), 노래/찬트의 의미를 파악하도록 관련 어휘를 시각 자료로 제시한다(visual cues). 다시 노래/찬트를 들으면서 시각 자료를 함께 본다(look and listen). 그 다음 학생들이 노래/찬트를 따라 부르면서 연습하게 한 후(repetition), 마지막 단계에서는 스스로 노래/찬트를 부르게 한다(singing). 노래와 찬트를 통한 강세, 리듬, 억양의 구체적인 지도 방법을 살펴보면 다음과 같다.

1) 강세 지도

영어의 2음절 이상 어휘는 강세 음절과 무강세 음절로 이루어져 있으며, 말할 때 강세 음절을 더 길고 크게, 그리고 높게 발음해야 한다. 2015 개정 교육과정의 초등 권장 어휘는 총 800개로, 이 중 2음절 이상의 어휘가 총 289개이다. 대부분의 어휘들은 제1음절에 강세가 오며, 제2·3음절에 강세가 오는 어휘(예. *delicious, eraser, however, afternoon, understand* 등)는 소수 포함되어 있다(윤여범, 서진아, 2017). 따라서 제2·3음절에 강세가 있는 어휘는 좀 더 주의를 기울여 지도한다. 강세를 지도할 때는 노래보다 찬트가 좀더 효과적이다. 찬트는 간단하고 멜로디가 없으므로 강세 음절과 무강세 음절을 구분하기 쉬우며, 반복이 많아 따라 부르면서 강세를 학습하는 데 많이 활용된다. 특히 3~4학년 학생들은 움직이기를 좋아하므로, 간단한 신체 활동과 함께 찬트를 부르게 하면 더 효과적이다. 신체 활동으로는 강세 음절에서 책상을 세게 두드리고 무강세 음절에서 책상을 약하게 두드리게 할 수 있으며, 강세 음절에 다양한 손동작을 만들게 할 수 있다. 또한 찬트를 부르면서 강세 음절을 쉽게 인지하도록 하기 위해 강세 음절을 크게 확대하거나 강세 음절 위에 ● 표시를 한 시각 자료를 제시할 수 있다.

2) 리듬 지도

영어의 문장을 말할 때는 모든 단어를 강하게 발음해서는 안 되며, 강세를 받는 단어와 강세를 받지 않는 단어를 구분하여 문장의 리듬을 잘 나타낼 수 있도록 지도해야 한다. 또한 강세가 일정한 간격으로 나타나는 것이므로, 강세 사이에 오는 음절 수가 많을수록 그 음절들을 빠른 속도로 읽도록 한다. 이때 강세를 받지 않는 음절은 약화(centralized) 또는 단축(shortened)하여 발음하거나 생략(omitted)하여 발음하도록 지도한다. 리듬을 지도하기 위해서는 노래와 찬트를 부를 때 제스처를 이용하거나 손이나 다양한 소도구를 사용할 수 있다. 또는 밑줄 또는 대문자, 기호(●••)를 사용하여 문장 강세를 시각적으로 보여주면서 지도할 수 있다.

3) 억양 지도

영어 단어나 문장을 말할 때 높낮이에 따라 여러가지 의미로 전달될 수 있으므로, 억양은 의사소통에 영향을 미치는 중요한 요소이다. 따라서 화자가 전달하고자 하는 의미에 오해를 일으키지 않도록 단어 끝을 올리거나 내리는 억양을 적절하게 표현하도록 지도해야 한다. 학생들이 억양 패턴을 잘 이해할 수 있도록 화살표를 사용하여 억양 곡선(⌣)을 보여줄 수 있으며, Yes/No-의문문의 끝이 올라갈 때 눈썹이나 어깨를 올리는 등 간단한 제스처를 해보게 한다. 또는 억양을 유지하면서 문장의 마지막 단어에서 시작하여 한 단어씩 붙여가며 문장을 완성하도록 하는 방법도 효과적이다(예: *bag? → your bag? → it your bag? → Is it your bag?*).

지도상 유의점

* 3~4학년 학생들은 신체활동을 선호하므로 손뼉 치기, 발 구르기 등 가벼운 율동을 하면서 찬트를 부르게 하면 효과적이다. 하지만 5~6학년 학생들은 상대적으로 움직

이는 것을 꺼려하는 경향이 있으므로 탬버린과 같은 간단한 도구를 사용하여 리듬을 익히게 하는 것이 좋다.

- 우리나라 학습자들은 강세를 받지 않는 음절도 강세 음절과 똑같은 세기와 길이로 발음하는 경향이 있다. 강세를 받는 음절과 강세를 받지 않는 음절에 유의하도록 지도한다.

- 지루한 반복이 되지 않도록 묻고 답하는 역할을 정해 모둠/전체로 불러보게 하거나 큰 소리/작은 소리로 번갈아 불러보게 하는 등 다양한 방법으로 찬트를 한다.

2 Model Lesson

학습목표:	강세, 리듬, 억양에 맞게 찬트 부르기
대상학년:	3~4학년군
의사소통기능:	A: What are you doing?
	B: I'm drawing a picture.
학습조직:	전체

T: Let's watch the animation clip and listen to the chant. (애니메이션을 본 후에) What did you hear?

Ss: Drawing a picture / playing the violin / watching TV.

찬트의 내용을 이해하면서 부를 수 있도록 하려면 찬트에 나온 어휘를 그림과 함께 제시하는 것이 좋아요.

T: We learned these expressions last time. Let's review them. Look at the pictures on the screen. Listen carefully and repeat them. (그림 그리는 장면을 보여주며 교사도 그림 그리는 동작을 한다.) Drawing, drawing, drawing a picture.

Ss: Drawing, drawing, drawing a picture.

T: Good. (바이올린 연주하는 장면을 보여주며) Playing, playing, playing the violin.

Ss: Playing, playing, playing the violin.

T: Well done. We know the word 'violin' very well because. . .

Ss: 우리말로도 바이올린이라고 해요.

T: Right. English and Korean has the same word 'violin' but they pronounce it differently. In Korean, we just say 바이올린. Right?

Ss: 맞아요.

T: How do we pronounce this word in English? Violin? violin or violin? (교사는 각각 첫 음절, 두번째, 세번째 음절에 강세를 두어 발음한다.)

Ss: (. . .)

T: Okay. Look at the board. I'll pronounce them one by one. Listen carefully. Number one, violin. Number two, violin. Number three,

violin. (교사는 하나씩 천천히 강세를 살려서 발음한다.) Which one
is correct?

---

1. v**i**olin 2. vi**o**lin 3. violin

Ss: 3번요.

T: Right. In English, we pronounce it violin. Violin, violin. Repeat
after me, violin . •••••••••••••••••••••••••••••••••••••

낱말 내에도 강세가 있다는 것
을 인식시키려면 강세가 있는
음절에서는 박수를 치는 동작과
함께 힘주어 발음하도록 지도하
는 것이 효과적이에요.

Ss: Violin.

T: Very nice. Please watch your pronunciation when you say it in
English or Korean. Can you do that?

Ss: Yes.

T: Now, listen again and do the chant line by line.

Ss: (학생들이 찬트를 한 소절씩 듣고 따라한다.)

What are you doing? Drawing a picture. I'm drawing a picture.
What are you doing? Playing the violin. I'm playing the violin.
What are you doing? Watching TV. I'm watching TV.

T: Good job. Now, we're going to chant with rhythm. Look at the
board again. When we chant, we'll follow this rhythm. Can you
see how the rhythm goes? Which words do we say louder?

문장에서 강하게 읽어야 할 부
분을 시각적으로(●) 보여주면
강세를 받지 않는 부분과 쉽게
구분할 수 있어요.

●
What are you doing?
●
Drawing a picture.
●
I'm drawing a picture.

Ss: Doing하고 drawing요.

T: You're right. When we ask, we have to say 'doing' louder. Do
you know why?

Ss: 잘 모르겠어요.

T: This word has the information we want to know. What word do we say louder when we answer?

Ss: drawing을 강하게 말해요.

문장을 말할 때 구 정보(old information)보다는 신 정보(new information) 또는 전달하고자(묻고자) 하는 중요 부분에 강세를 두어요.

T: Right. We have to say the word 'drawing' louder when we answer. It's because the question asks "What are you DOING?" Do you follow me?

Ss: Yes.

T: Let's use our hands to beat the rhythm. (doing을 말할 때 손뼉을 치며) What are you doing?

Ss: What are you doing? (학생들은 doing을 말할 때 손뼉을 친다.)

(찬트의 나머지 부분도 리듬에 맞게 손뼉을 치며 따라 부른다.)

T: Great. We have to remember one more thing. Listen carefully. What are you doing? (끝을 올려서 말한다.)

Ss: 아니에요.

T: I said, "What are you doing?" 끝을 올려서 말했어요. It is wrong. How do we say this question?

Ss: 끝을 내려야 해요.

T: Right. Listen to the correct one. What are you doing? (교사는 손동작으로 끝부분을 내리는 동작을 한다.)

Ss: 맞아요.

Yes-no 의문문에서는 끝을 올리는 rising intonation이라는 것을 함께 알려주어 학생들이 차이를 인식할 수 있도록 해요.

T: When you ask a wh-question, like "What are you doing?", you say it with falling intonation. Follow my hand movement as you repeat. (내려가는 손동작을 보여주며) What are you doing?

Ss: What are you doing? (문장 끝에서 내려가는 손동작을 한다.)

T: Very good. This time, we'll do the chant like this. (찬트를 부르며 강세를 받는 단어에서 책상을 두드린다.) You beat the rhythm on the desk. Are you ready?

강세와 마찬가지로, 리듬 지도 시 도구, 동작 등을 이용하면 효과적이에요.

Ss: Yes! (학생들이 책상을 두드리며 박자에 맞춰 찬트를 부른다.)

T: Perfect!

3 Task

- 아래 〈대화문〉으로 찬트를 부르며 억양을 지도하는 교사-학생 담화를 구성해 보세요.

〈대화문〉

A: Where is my cap?

B: It's on the desk.

A: Where is my phone?

B: It's in your bag.

4 Classroom English

Categories	Teacher Talk
Teaching stress	• The word is accented/stressed on the second syllable. • Where is the main stress in this word? • Say the word 'doing' louder.
Teaching rhythm	• Use/Clap your hands to beat/keep the rhythm. • Nod your head in time with the rhythm. • Beat/Tap the rhythm on your desks. • Beat the rhythm with your fingers. • Say it aloud/out loud.
Teaching intonation	• Listen to the way my voice goes up. • The speaker on the recording lets his voice rise like this. • You must let your voice fall at the end of the sentence. • It's a 'Yes/no' question, so it has rising intonation. • Follow my hand movement as the pitch rises and falls
Songs and chants	• It's time for a song. • Let's sing/chant. • Do you feel like singing? • Do you know this song? • This song has words and actions. • Listen carefully to the words/melody. • Repeat the words/lyrics after me. • Let's do the actions to the song. • What actions can we do here in the chorus?

6장 의사소통 활동
(Communicative Activities)

① 이론적 배경

정의

　의사소통 활동(communicative activities)은 유의미한 맥락에서 상황과 목적에 적절한 표현을 사용하여 자연스럽게 의사소통 하도록 고안된 활동으로서, 유창성을 목표로 한다(Littlewood, 1981; Skehan, 1998). 청화식 교수법은 문법 형태(form)에 중점을 둔 연습 활동을 강조하였으며, 연습한 구문을 실제 의사소통에 적용하기 어렵다는 비판을 받았다. 이후 의사소통중심 교수법에서는 의미(meaning) 전달에 중점을 둔 언어 사용을 강조하였으며, 다양한 의사소통 활동을 제공함으로써 학습자들이 활발하게 상호작용하면서 언어를 사용할 수 있도록 하였다. 초등영어 수업은 초등학생들의 특성을 반영하여 주로 게임(game), 정보차 활동(information-gap activity), 조사하기(survey), 역할 놀이(role play) 등과 같은 의사소통 활동을 제시하고 있다(☞ 역할 놀이는 7장 참고).

필요성

　말하기 능력을 향상시키기 위해서 학습자들은 필요한 언어 지식을 알아야 할 뿐만 아니라 다양한 의사소통 상황에서 이를 활용하여 언어를 자연스럽게 사용할 줄 알아야 한다. 자연적 접근법(Natural Approach)은 학습자들이 목표어 입력(input)을 듣고 이해하는 과정을 거치면 말하기는 저절로 이루어진다고 주장하였다. 반면 Swain(2005)은 출력(output)의 교육적 가치에 주목하여 언어 사용을 통해 의사소통능력이 향상될 수 있다고 보았다. 따라서 실제로 언어를 이해하는 것도 중요하지만, 언어를 사용해 보는 기회를 갖지 못하면 말하기 발달은 제한적일 수밖에 없다. 특히 우리나라는 영어 사용 기회가 제한적인 EFL상황에 있으므로, 교실에서 학습자가 영어를 사용할 수 있는 충분한 기회를 제공해야 한다(교육부, 2015). 이런 의미에서 의사소통 활동은 유의미한 맥락에서 학습자들이 배운 표현을 자연스럽게 사용하게 함으로써 실제적으로 언어를 사용할 수 있는 기회를 제공한다고 볼 수 있다. 예를 들면, 게임은 게임의 목적을 수행하기 위해 배운 표현을 무의식적으로 사용하게 하며, 정보차 활동은 상대방이 가진 정보를 알아내기 위해 의사소통해야 할 이유를 제공함으로써 학습자들이 상호작용하며 묻고 답하도록 유도한다. 특히 놀이나 게임은 재미의 특성을 가지고 있어, 초등학생들이 외국어 사용에 대한 두려움 없이 활동에 참여하게 함으로써 영어에 대한 흥미를 갖게 한다.

교육과정 및 교과서 관련성

교육과정의 '성격'에서는, 초등학교 영어는 기초적인 영어를 이해하고 표현하는 능력을 기르도록 하되, "음성 언어를 사용한 의사소통능력 함양에 중점"을 둔다고 설명하고 있다(교육부, 2015, p. 4). 이를 위해 "초등학교 학생의 인지적, 정의적 특성을 고려하여 실생활에서 접할 수 있는 활동 등을 활용"하고, "학습자들의 흥미와 관심을 끌 수 있도록 다양한 교수·학습 방법을 적용"하도록 한다(p. 4). 이와 관련하여 '교수·학습 및 유의 사항'에서는 말하기 활동은 "듣고 말하기, 묻고 답하기 등의 활동을 통해 듣기와 말하기 활동이 자연스럽게 연계되도록 지도하되 의미 전달에 중점"을 두며, "게임, 역할 놀이 등의 활동을 통해 유창성을 기르도록 지도"할 것을 제시하고 있다(p. 25). 이와 같이 교육과정에서는 놀이나 게임, 역할 놀이 등과 같은 의사소통 활동을 통해 일상생활에서 자주 일어나는 친숙한 주제에 대해 말할 기회를 제공함으로써 유창성을 신장시키도록 권장하고 있음을 알 수 있다.

의사소통 활동은 상호작용하며 자유롭게 의사소통하는 것을 나타내므로, 표 1의 '내용 체계표'에서 보는 바와 같이 담화 수준의 말하기 영역 중 의미 전달보다는 의미 교환과 더 직접적으로 관련이 있다고 볼 수 있다. 따라서 의사소통 활동과 관련 있는 '성취기준'은 의미 교환에 해당되는 인사, 일상생활 관련 주제, 그림, 도표, 경험, 계획 등의 내용을 포함한다. 반면 말하기 성취기준 중 따라 말하기가 포함된 3~4학년군 '성취기준'은 낱말, 어구, 문장에서 분절음의 정확한 발음과 초분절음적 요소를 익히기 위한 통제 연습 단계에 해당되므로 의사소통 활동이라 볼 수 없다.

영역	핵심 개념	일반화된 지식	내용요소	
			3~4학년군	5~6학년군
말하기	담화	의미를 전달한다.	• 자기소개 • 지시, 설명	• 자기소개 • 지시, 설명 • 주변 사람, 사물 • 주변 위치, 장소
		의미를 교환한다.	• 인사 • 일상생활 관련 주제	• 인사 • 일상생활 관련 주제 • 그림, 도표 • 경험, 계획

(교육부, 2015, p. 6)

초등영어 교과서에 제시된 의사소통 활동은 'Talk and Play', 'Play', 'Play and Have Fun', 'Play Together' 등 대부분 'Play'를 포함한 코너에서 이루어지며, 놀이, 게임, 조사하기, 정보차 활동 등 다양한 활동 등을 통해 유창성을 기르도록 구성되어 있다. 아래 예시 1은 학습자 A, B가 각자 원하는 지도를 작성한 후 짝을 이루어 묻고 답하면서 지도를 완성하는 활동으로서, A, B가 가진 정보 공백을 이용하여 자연스러운 의사소통이 이루어지도록 하고 있다. 예시 2는 학급 친구들이 좋아하는 과목을 조사하는 활동을 통해 유의미한 맥락에서 좋아하는 것을 묻고 표현하도록 제시하고 있다.

예시 1. 동아 5학년 교과서 137쪽

B Play Together 2 '좋아하는 과목 조사하기'를 하며, 좋아하는 과목을 묻고 답해 봅시다. 또, 좋아하는 것을 표현하는 말을 해 봅시다.

준비물: 붙임 딱지(195쪽)

STEP 1 자신이 좋아하는 과목을 골라 말해 봅니다.

My favorite subject is English.

STEP 2 모둠별로 좋아하는 과목을 묻고 답하며, 표를 완성해 봅니다.

What's your favorite subject?

이름	과목	이름	과목
나			

STEP 3 우리 반에서 가장 인기 있는 과목을 붙임 딱지에서 골라 순위에 맞게 붙여 봅니다.

예시 2. 천재 5학년 교과서 143쪽

지도 방법 및 활동 유형

말하기 지도는 3P 모형, 즉, 제시(presentation)-연습(practice)-발화(production) 순서로 이루어진다(☞ 1장 수업 설계 참조). 이 중 발화 단계는 학생들이 연습을 통해 익힌 목표 표현을 사용하여 유의미한 맥락에서 교사의 통제없이 자유롭게 의사소통하는 단계이므로, 의사소통 활동은 이 단계에서 이루어진다. 초등영어에서는 자유로운 의사표현까지는 어려울 수 있지만, 학생들의 영어 수준을 고려하여 배운 표현을 바탕으로 자신감 있고 자연스럽게 말할 수 있도록 지도한다.

의사소통 활동 중 초등영어 수업에서 자주 사용되는 게임의 지도 순서와 방법은 다음과 같다 (Wright, Betteridge, & Buckby, 2006). (1) 게임을 설명한다. 학습자들이 게임에서 무엇을 어떻게 할 것인지 쉽게 알 수 있도록 게임 규칙 및 절차를 간단하고 명료하게 제시하되, 학습자 수준이나 규칙의 복잡성에 따라 모국어를 사용할 수도 있다. (2) 게임을 시범으로 보여준다. 교사는 한두 명의 학생들과 시범을 보이며, 이 과정에서 게임을 통해 어떤 표현을 사용하여 묻고 답해야 하는지 분명하게 제시한다. (3) 한 모둠이 학급 전체 앞에서 게임을 해보도록 한다. 이때 교사는 학생들이 게임 방법을 잘 이해하고 있는지 확인할 수 있다. (4) 게임에서 사용되는 주요 표현들 또는 주요 지시사항(instruction)을 칠판에 제시한다. 교사는 게임 도중 학생들이 참조할 수 있도록 게임에 필요한 유용한 표현들이나 기억해야 할 주의사항을 제공한다. (5) 모둠별로 게임을 실시한다. (6) 학생들이 게임에 익숙해지면 칠판에 제시된 주요 표현들과 지시사항을 점차적으로 지운다. (7) 게임을 계속 실시한다. 게임을 실시하는 동안 교사는 학생들의 활동을 모니터링한다. 이때 교사는 학생들의 질문에 답변해 주기도 하고, 학생들 사이에서 자주 발견되는 오류를 메모하기도 한다. 게임 활동이 끝난 후, 교사는 게임이 재미있었는지 또는 어려웠는지 등을 질문함으로써 학생들의 반응을 파악하며, 활동 중 발견된 오류는 따로 칠판에 적어서 학생들이 잘못된 표현을 인지하도록 지도한다.

의사소통 활동 선정 시, 교사는 학습자의 나이와 수준을 고려하고 학습 목표에 부합되는 활동을 선택하는 것이 좋다(노경희, 2015). 뿐만 아니라 선정된 활동이 학급 규모에 적합한지, 교구 및 자료 준비가 가능한지, 활동 시간 등을 고려할 필요가 있다. 초등영어 수업에서 빈번하게 사용되는 의사소통 활동으로는 게임, 정보차 활동, 조사하기가 있다.

1) 게임

놀이의 일종으로, 협동이나 경쟁을 하면서 규칙 속에서 목표를 추구하는 활동이다 (Gibbs, 1978). 게임은 활동 목적에 따라 언어 연습 게임(language practice game)과 의사소통 게임(communication game)으로 구분되며, 의사소통 활동은 후자에 해당된다 (Brewster, Ellis, & Girard, 2003). 전자는 새로운 발음, 어휘, 구문을 반복적으로 연습하는 기회를 제공하는 활동인 반면, 후자는 유창성을 목표로 게임의 목적을 달성하기 위해 학습자가 가진 언어 자원을 활용하여 언어를 사용하도록 유도하는 활동이다. 게임은 사용 도구에 따라 그림 게임, 카드 게임, 보드 게임 등으로 구분된다. 이외에 추측 게임, 기억 게임, 문답 게임 등이 있다.

2) 정보차 활동

의사소통은 정보를 전달하거나 구하기 위해 주고받는 행위이다. 상호 간 정보 공백이 있을 경우 의사소통이 활발하게 이루어질 수 있다. 정보차 활동은 의도적으로 정보 공백을 만들어 화자와 청자 간 의사소통을 촉진시키는 활동이다. 정보차 활동에는 일방향(one-way) 정보차 활동과 양방향(two-way) 정보차 활동이 있다. 전자는 한 사람이 모든 정보를 가지고 있어 정보가 한 방향으로만 전달되는 활동인 반면, 후자는 두 사람이 정보를 절반씩 나눠 가지고 있으며 나머지 정보를 채우기 위해 정보가 양방향으로 전달되는 활동이다.

3) 조사하기

조사하기는 학생들이 유의미한 맥락 속에서 서로 질문하고 답하는 표현을 사용하여 상호 작용하게 하는 방법으로서, 조사한 실제 정보를 모아 분석하여 발표하도록 한다. 예를 들면, 초등학생의 경우 좋아하는 운동이나 과목 등을 조사하여 발표하도록 구성할 수 있다.

지도상 유의점

- 의사소통 활동을 성공적으로 수행하기 위해서는 활동 설명 전에 필요한 주요 표현들을 복습하는 것이 효과적이다.예를 들어, 그림 카드를 활용한 게임인 경우, 카드를 이용해 주요 표현을 간단히 묻고 답해볼 수 있다.
- 학생들이 특정 활동을 선호한다고 해서 계속 반복하다 보면 학생들은 재미를 잃고 지루함을 느끼게 된다. 따라서 같은 종류의 활동이라도 활동 규칙을 변형하여 도전적 과제로 제시하는 것이 좋으며, 가능한 다양한 종류의 활동을 제공하도록 한다.
- 게임의 규칙은 단순화하여 학생들이 이해하기 쉽게 제시한다. 게임 규칙이 복잡한 경우 학생들이 게임을 이해하지 못한 채 우왕좌왕하면서 시간이 낭비될 수 있다. 따라서 게임 규칙을 명료화하여 간단하고 쉬운 표현으로 제시하며, 시각 자료와 함께 설명하면 더 효과적이다.

2 # Model Lesson

학습목표:	과거에 한 일을 묻고 답하는 표현을 활용하여 조사하기
대상학년:	5~6학년군
의사소통기능:	A: How was your vacation?
	B: It was fun(great).
	A: What did you do?
	B: I went to the movies. How about you?
준비물:	조사용지
학습조직:	전체

T: We learned how to ask and answer about what we did. Do you remember the dialogue?

Ss: Yes.

T: Okay, let's review. Listen to the dialogue one more time and repeat it.

Ss: (학생들은 대화를 따라 말한다.)

T: This time, I'll divide the class in half. These three rows are Group A and the others are group B. (교사는 반 전체를 둘로 나눠 A, B로 지정해준다.) Group A will take part A and Group B will take part B. Group A, will you start the dialogue?

Ss: (학생들은 대화를 주고 받으며 연습한다. 교사의 지시에 따라 역할을 바꾸어 계속 연습한다.)

T: Well done. Today, we're going to do "Survey your friends" using the dialogue. For this activity I'll give you a survey sheet. (교사는 학생들에게 조사 용지를 나눠주며) Please take one and pass them around. Does everyone get it?

Ss: Yes.

T: OKay. Let me explain how to do it. First, choose two activities you did on your summer vacation. Second, move around with

게임 규칙 설명 단계예요. 이 단계에서는 간단한 규칙이 되도록 3~4단계를 넘지 않도록 하며, 각 단계는 동사로 요약될 수 있도록 명료하게 제시하는 것이 좋아요. 예시 게임에서는 각 단계를 Choose → Move → Ask and Answer → Write으로 순차적으로 보여줄 수 있어요.

게임은 인위적인 언어 사용이 아닌 실생활에서 자주 접할 수 있는, 즉 실제성(authenticity)이 있는 언어를 사용하도록 해요. 과거에(방학 때) 한 일을 묻고 답하는 대화는 일상생활에서 일어나며, 자신이 실제로 한 일에 근거하여 묻고 답하고 있으므로, 의사소통의 실제성을 잘 반영하고 있어요.

학생들은 교사가 제시한 게임의 목적을 달성하기 위한 수단으로 언어를 사용해요. 이때 학생들은 연습 상황에서 말하는 인위적인 언어 표현이 아니라 실제적인 의사소통 상황에서 자연스러운 언어 표현을 사용하게 돼요.

the survey sheet. Third, when you meet a friend, do the survey by using the sample dialogue. Are you with me?

Ss: Yes.

T: Before we start, you need to choose two activities and circle them. Do you see many activities on the sheet?

Ss: Yes.

T: What did you do on your summer vacation? Choose two and circle them. (조사용지에서 방학 때 했던 두 개 활동을 골라 동그라미 그리는 것을 보여준다.)

Ss: (학생들이 각자 한 활동을 두 개 고르고 동그라미 그린다.)

T: Okay. If the activities you did are not on the sheet, you can draw or write them in the box. Do you see the box on the sheet?

Ss: Yes.

T: If you had pizza at a restaurant, you can write "I had pizza," or draw a pizza in the box. Do you understand?

Ss: Yes.

T: (학생들이 활동을 두 개씩 고른 것을 확인한 후) Are you done?

Ss: Yes.

게임을 설명한 후, 교사는 학생 두 명을 나오게 해서 단계별로 시범을 보이게 해요.

T: Very nice. Now, let me show you how to do the survey. S1, S2, will you come to the front?

S1, S2: (교실 앞으로 나온다.)

T: Let me explain. When S1 and S2 meet, do rock-paper-scissors. The winner will ask and the loser will answer. S1, S2, do rock-paper-scissors.

S1, S2: (가위 바위 보를 한다.)

T: S1 wins. S1, will you ask S2 about his/her vacation?

S1: How was your vacation?

S2: It was fun.

S1: What did you do?

S2: (. . .)

T: S2, what activities did you choose? •··• S2가 대답을 하지 못하고 망설이고 있을 때, 교사가 개입하여 어떻게 말해야 하는지 설명해주고 있어요.

S2: Playing soccer, going to the movies.

T: S2, how will you answer?

S2: I played soccer and went to the movies.

T: Very good. S1, what do you have to do next?

S1: 활동 그림 옆에 S2이름을 적어요.

T: Right. S1 will write S2's name next to the activities 'playing soccer' and 'going to the movies'. Now, switch the roles. This time, S2 will ask, and S1 will answer.

S1, S2: (역할을 바꾸어 묻고 답한다.)

T: You did a good job, S1, S2. (S1과 S2가 제자리로 돌아간다.) Now, you understand how to ask and answer for the survey. One more thing before you start. When the music starts, you'll move around. When the music stops, you have to stop and say hello to your nearest friend(손을 흔들어 보이는 동작을 보여준다). Then do rock-paper-scissors and do the survey. And then, when the music starts again, move around. Keep playing until you get 7 names on your sheet. Are you ready for the survey?

조사하기는 학생들이 교실 전체를 돌아다니면서 하는 활동이므로, 학급 분위기가 혼란스러워질 수 있어요. 또 영어에 자신감이 없는 학생들은 친구를 찾아다니기에 소극적일 수 있어요. 그래서 이렇게 음악에 맞춰 학급 전체가 동시에 움직이고 멈추도록 하는 규칙은 학생들의 흥미를 높여주고 질서 있는 활동이 되게 하며, 소외되는 학생 없이 모두 짝을 만나 대화할 수 있게 해요.

Ss: Yes.

T: Let's start the survey.

Ss: (학생들이 교실을 돌아다니며 조사놀이 활동을 한다.)

(중략)

T: All right. Stop what you're doing. Everyone, please go back to your seat. Did you have fun?

Ss: Yes.

T: Now, it's time to share your findings with the class. Who wants to share first?

Ss: Me!/저요.

조사활동 후, 언어 형태의 오류에 초점을 두고 지도하고 있어요. 교사는 S3가 과거의 일을 나타내는 'went' 대신 'goed'를 사용한 것을 알아 챈 후, 오류를 고쳐서 다시 말해주며 틀린 부분을 인지하도록 따라 말하도록 하고 있어요.

T: S3, can you tell us your findings?

S3: S4 visited her grandparents and . . .goed fishing.

T: (S3의 발화를 듣고) Aha, S4 visited her grandparents and went fishing. S4 had a good time. Everybody, repeat after me. He went fishing.

Ss: He went fishing.

T: Nice. S4 visited his grandparents and went fishing

Ss: S4 visited his grandparents and went fishing.

T: Very good. S3, can you tell us more?

S3: (자신이 조사한 나머지 내용을 발표한다.)

(계속해서 다른 학생들이 조사한 것을 발표한다**.)**

T: Okay, we'll have to stop here. Did you enjoy the survey? See you next class.

Task

• 다음 'Complete the Map' 활동을 주어진 활동 방법에 따라 제시해 보세요.

대상학년:	6학년
의사소통기능:	A: How can I get to the hospital?
	B: Go straight two blocks and turn right at the corner. It's on your right.
준비물:	우리동네 지도 A/B
학습조직:	짝활동

⟨How to play⟩

1. Work in pairs.

2. Each student chooses a map to use. Each map has different information on it.

3. Ask and answer using the sample dialogue to complete the map.

4. When you finish the activity, compare your map with your partner's to see if they're the same.

4 Classroom English

Categories	Teacher Talk
Introducing an activity	• How about a guessing game? • This is a game with colors/numbers/letters. • This is an information-gap activity
Demonstrating an activity	• I'll show you how to do it. • I'll give you an example to help you understand how to do it. • Let's do the first one as an example. • Now you know what to do, so you can start. • Try to do it the same way as I did it.
Making groups	• We need two teams for this activity. • Make/split into two groups. • Let's divide in half. • What's your team called? • Make groups of four. • These two rows are Team A and the others are Team B. • Work in pairs.
Explaining game rules	• Let me tell you the rules. • There are some simple rules to follow. • Who remembers the rules for this game? • Don't let the other person/your partner see your sheet. • You should not show them to anyone else. • Keep them face down. • The first team with ten points wins. • The first team to get/reach ten points wins.
Playing with coins or die	• Flip/Toss a coin. • If you get heads, move two spaces. • If you get tails, move back one space. • Flick a coin. • If it lands on the green zone, you'll get five points. • Roll the die. • If it lands on five, move five spaces.

Taking turns	· I'm sorry you're out.
	· You're out for the next round.
	· You miss a turn.
	· It's your turn.
	· It's team A's go.
	· Whose turn is it?
	· Who would like to have a go next?

7장 역할 놀이
(Role Play)

1 이론적 배경

정의

역할 놀이(role play)는 실생활과 유사한 상황을 설정하여 학습자가 가상의 역할을 맡아 주어진 상황에 적절한 표현들을 발화하고 행동하게 하는 활동이다(Ladousse, 1987; Littlewood, 1981; Paulston, 1976; Wessels, 1987). 이는 학습자들이 유의미한 상황에서 상호작용을 통해 목표어를 사용할 수 있는 기회를 제공함으로써 의사소통능력을 길러준다. 역할 놀이는 'role-taking'과 'role-making'의 유형으로 나눌 수 있다(Littlewood, 1981). 'Role-taking'은 주어진 대화를 단순한 모방과 기계적인 방법으로 암기하면서 의사소통 연습을 하는 것인 반면, 'role-making'은 주어진 역할의 생각이나 느낌을 창의적으로 표현하면서 자연스럽게 의사소통을 하는 것을 의미한다.

> When students assume *a role* the students play a part (either the students own or somebody else's) in a specific situation, *play* means that the role is taken on in a safe environment in which students are as inventive and playful as possible (Ladousse, 1987, p. 5).

필요성

영어교육의 목표인 의사소통능력은 실생활에서 일어나는 다양한 상황에서 자연스럽게 영어를 사용할 수 있는 능력을 의미한다. 역할 놀이는 바깥 세상의 경험을 교실로 들여와서 학생들이 가상의 역할을 맡아 실제와 유사한 의사소통을 할 수 있는 기회를 제공한다. 역할 놀이의 장점은 다음 세 가지로 요약될 수 있다(Harmer, 2007). 첫째, 역할 놀이는 재미있으며 학습동기를 유발시킨다. 역할 놀이는 일종의 극화 활동으로, 상상력이 풍부하고 놀이를 좋아하는 초등학생들의 특성에 부합하기 때문에 학생들이 흥미를 가지고 활동에 적극적으로 참여하도록 유도한다. 둘째, 역할 놀이는 역할을 분담함으로써 말하기에 대한 책임감을 줄여주므로, 말하기를 주저하는 학생인 경우 혼자 말하게 하는 것보다 역할 놀이로 자신의 의견과 행동을 표현하게 하는 것이 보다 효과적이다. 셋째, 역할 놀이에서 설정하는 특정 상황은 교실의 과업 활동보다 좀더 실제적이므로 학생들에게 보다 다양한 상황에서 언어를 사용할 수 있는 기회를 제공한다.

교육과정과 교과서 관련성

역할 놀이는 특정한 상황에서 학습자들이 상호작용하는 의사소통 활동이므로 여러 언어 기능이 통합적으로 사용된다. 따라서 교육과정에 제시된 대부분의 듣기, 말하기 성취기준에 관련된다. 예를 들어, 3~4학년군 말하기 '성취기준'에 포함된 강세, 리듬, 억양에 맞게 따라 말하기, 한두 문장으로 자기소개/지시/설명하기, 인사말 주고받기, 친숙한 주제에 대해 간단하게 묻고 답하기 등은 역할 놀이에서 자연스럽게 구현된다. '교수·학습 및 유의사항'에서도 "듣고 따라 말하기, 묻고 답하기 등의 활동을 통해 듣기와 말하기 활동이 자연스럽게 연계되도록 지도하고 게임, 역할 놀이 등의 활동을 통해 유창성을 기르도록 지도"하며, "자기 가족이나 친구의 생김새, 옷차림, 직업이나 장래 희망에 대해 말하기와 자신이 살고 있는 집, 교실 및 학교 등을 묘사하는 활동을 게임이나 역할 놀이 등과 연계하여 3~4학년군에서의 학습 활동을 발전시켜 유창성을 기를 수 있도록" 안내하고 있다(교육부, 2015, p. 25).

역할 놀이는 의사소통기능에 해당되는 표현들을 유창하게 말할 수 있는 것을 목표로 하는 활동이므로, 교과서에서는 주로 한 단원의 마지막 차시, 즉 3~4학년군에서는 4차시, 5~6학년군에서는 5, 6차시에 역할 놀이를 포함하고 있다. 역할 놀이 제시 방식은 3~4학년군에서는 주로 친숙한 애니메이션이나 이야기를 보고 모방하는 방식의 역할 놀이를 하도록 하며(예시 1, 2), 5~6

학년군에서는 물건 사기, 음식 주문하기 등 유의미한 상황 속에서 적절한 표현을 사용하여 역할 놀이를 하도록 구성하고 있다. 특히 5~6학년군에서는 대본을 쓰면서 내용을 창의적으로 바꾸게 함으로써 언어의 네 가지 기능을 통합하여 제시하고 있다(예시 3, 4).

예시 1. YBM(최) 3학년 교과서 64쪽

예시 2. 천재 4학년 교과서 84쪽

예시 3. 동아 5학년 교과서 47쪽

예시 4. 대교 6학년 교과서 64쪽

지도 방법 및 활동 유형

역할 놀이는 특정 상황에서 학습자들이 각자 역할을 맡아 마치 실제 상황처럼 의미를 주고받는 활동이다. 역할 놀이를 지도할 때, 역할 놀이의 유형과 지도 방법은 다음을 참고할 수 있다.

첫째, 역할 놀이의 유형은 다섯 가지로 분류되며(Littlewood, 1981), 학습자의 언어 수준이나 창의성 발휘 정도를 고려하여 교사의 통제를 달리할 수 있다. 초등영어에서는 주로 교과서에 제시된 대화문을 그대로 역할 놀이로 사용하기도 하지만, 대화문의 일부분을 바꾸게 함으로써 다양한 아이디어를 표현할 수 있게 한다. 또는 애니메이션 영화의 한 장면이나 만화의 상황만 제시하고 각 등장인물의 대사를 서로 협력하여 작성하도록 지도할 수 있다(노경희, 2015).

1) 암기한 대화 재연(performing memorized dialogues)

교사의 통제 하에 제시된 대본을 그대로 암기하여 재연하게 되며, 반복적 표현들을 중점적으로 익힘으로써 실제 상황에서 자동 발화가 될 수 있도록 한다. 이러한 유형은 초보적인 학습자들에게 가장 적합하므로, 3~4학년군 수업에서 주로 활용할 수 있다.

2) 상황에 적합한 역할 연습(contextualized drills)

교사가 제시한 상황에 맞게 학습자가 새로운 문장을 만들어 말함으로써 역할을 연습한다. 이때 학습자들은 주로 배운 표현에서 숫자, 물건 이름 등 간단한 어휘만 바꾸어 말하게 되므로 창의성을 발휘할 기회는 여전히 적다고 할 수 있다.

3) 단서가 제공된 대화(cued dialogues)

교사는 상황과 단서가 포함된 지시 카드를 제시하고, 학습자들은 주어진 조건에 따라 내용을 만들어서 역할 놀이를 한다.

4) 역할 놀이 연습(role-playing)

교사는 상황과 역할만 제시하고 모둠 구성원들은 토의를 통해 각 등장인물의 대사를 창의적으로 만들어 역할 놀이를 한다.

5) 즉흥극(improvisation)

즉흥극은 교사가 상황만 제시할 뿐 모든 것을 학습자들이 만들어내야 하므로, 학습자들의 창의성이 가장 많이 발휘되는 유형이다. 학습자들은 주어진 상황에서 몇 명의 등장인물이 필요한지, 무슨 말을 할 것인지 등을 창의적으로 구안하여 즉흥극을 완성하여야 한다.

둘째, 학생들이 실제적 상황 또는 가상적 상황에서의 역할을 수행하도록 할 수 있다. 실제적 상황은 학생 자신이 운동장, 공원, 영화관 등 실제 세계에서 마주치는 친숙한 상황을 의미하는데, 이러한 상황 속에서 학생들은 자신의 생각 또는 감정을 표현하게 된다. 반면 가상적 상황은 의사, 여행 가이드 또는 이야기 속 등장 인물과 같이 학생이 직접 경험해보지 못한 특정 상황을 가정한 것으로, 학생들은 자신이 아닌 다른 인물이 되어 생각 또는 감정을 표현하게 된다(노경희, 2015).

지도상 유의점

- 역할 놀이는 말하기를 두려워하는 학생들에게는 도전적인 과업이 될 수 있다. 따라서 역할 놀이 수행 이전에 명확한 가이드라인과 충분한 연습 시간을 제공할 필요가 있다. 예를 들면, 대화문을 먼저 짝 활동으로 연습하게 한 후, 모둠 활동에서 역할을 나누어 발표하도록 한다면 학생들은 안도감을 느끼고 실제 활동 상황에서도 자신감을 가질 수 있을 것이다.
- 학생들이 자신이 해야 할 대사를 생각해 내지 못해 대화가 중단되거나 기대만큼 유창하게 발화하지 못할 경우, 교사는 학생들이 좌절감을 느끼지 않도록 프롬프터(prompter, 배우가 대사나 동작을 잊었을 때 알려주는) 역할을 해 주는 것이 필요하다.
- 역할 놀이는 올바른 언어 표현을 사용하는 것뿐만 아니라 제스처와 같은 비언어적 전략을 적절히 사용하는 것도 중요하므로, 학생들이 비언어적 수단을 함께 사용하도록 지도한다.
- 역할 놀이 도중 교사의 지나친 오류 수정은 대화를 방해할 수 있다.
- 역할 놀이 발표 시, 교실이 혼란스러울 수 있으므로 적절한 관리 전략이 필요하다. 예를 들면, 교사는 시작과 끝을 알리는 신호를 미리 정해둘 수 있으며, 학생들이 발표에 집중할 수 있도록 모둠별 상호 평가를 함께 실시할 수 있다.

Model Lesson

학습목표:	이야기(또는 만화) 대본을 만들어 역할 놀이 하기
대상학년:	5~6학년군
의사소통기능:	A: Can I have some rice? B: Of course. / Sure, you can. / Sorry, you can't.
준비물:	비디오, 역할에 해당하는 가면, 소품
학습조직:	소집단(등장 인물에 따라 4명 한 조)

T: Today, we're going to do a role play. Look at page 47 in the book. There is a cartoon. You know this story. What is it?

역할 놀이는 친숙한 이야기 상황 또는 일상생활의 친숙한 상황을 가정해요. 학생들의 창의적인 아이디어를 이끌어내기 위해서 만화 형식을 사용할 수도 있어요.

Ss: 흥부와 놀부요.

T: Yes. It is Heungbu and Nolbu. Who do you see in the cartoon?

Ss: 흥부 가족, 놀부, 제비

T: What is the story about?

Ss: 흥부는 부자가 되고 놀부는 나중에 벌 받아요.

T: Right. You know the story very well. Let's see what happens to Heungbu and Nolbu. Let's watch the videoclip.

역할극은 말하기의 마지막 단계에서 이루어지는 활동이므로, 그동안 배운 목표 표현을 상기시키도록 해요.

Ss: (학생들이 비디오를 보며 내용을 이해한다.)

T: What did Heungbu's daughter ask?

Ss: Can I have some rice?

T: Nice. How did Heungbu answer?

Ss: Sorry, you can't.

T & Ss: (장면마다 중요한 부분에 대해 이해를 했는지 묻고 답한다)

T: Let's watch the videoclip one more time and repeat the dialogue.

학습자 수준에 따라 대본을 달리 활용할 수 있어요. 3학년인 경우, 교과서의 대화문을 사용하되 감정을 충분히 표현할 수 있도록 하며, 4~6학년인 경우, 기존에 있는 대본의 일부를 수정하거나 또는 새로운 대본을 만들도록 해요.

Ss: (한 문장씩 듣고 따라서 반복한다.)

T: Good job. Now, you're going to make a script and do a role play with it. I'll show you how to make a script. Let's look at the first scene.

[Scene 1] 흥부 딸: I'm hungry. Can I have some <u>rice</u>?

흥부: <u>Sorry, you can't.</u> I don't have rice.

T: Heungbu's daughter is hungry. What is she saying?

S1: Can I have some rice?

T: Yes, she is saying, "Can I have some rice?" Please imagine you're very hungry. What do you want to have?

학생들이 가상의 상황에서 어떤 말을 하고 싶은지 생각하게 함으로써 자신의 생각을 표현하도록 해요.

Ss: 저는 피자요./과자요./햄버거요.

T: You may want to have pizza, cookies, or hamburgers. What do you say when you ask for pizza?

Ss: Can I have some pizza?

T: Good. How about cookies?

Ss: Can I have some cookies?

T: Very good. And let's say you are Heungbu this time. How would you answer?

Ss: Sorry, you can't.

T: Of course, Heungbu will say, "Sorry, you can't," because he doesn't have money. But you can change your answer if you want. How would you like to change the answer?

주어진 대본에서 대답을 바꾸어 말해보도록 함으로써 대본 작성의 예시를 보여주고 있어요.

S2: 피자는 비싸니까 싼 거 사준다고 할 거예요.

S3: 대신 물 마시라고 해요.

T: You have many good ideas. You can answer anything you like by changing the underlined part of the sentence. Now, are you ready to write your own script?

Ss: Yes.

T: For the role play, let's make groups of four. Work with your group members to write a script. I'll give you ten minutes. If you need help, please raise your hands.

Ss: (학생들은 모둠별로 토론하며 대본을 작성한다.)

T: Are you done?

Ss: Yes.

T: Let's move to the next step. Choose your role and practice acting your part. When you act out, please imagine that you're Heungbu or Nolbu in the play. Who wants to be Heungbu?

Ss: 저요. / 흥부할래요.

T: How would you act out Heungbu's part in the first scene?

S4: 딸에게 미안한 표정을 지으며 말해요.

S5: 흥부도 배고파서 배를 움켜잡으며 말해요.

T: Okay, S4, can you stand up and act it out?

S4: (자리에 일어나서 미안한 표정을 지으며) Sorry, you can't.

T: Perfect! Thank you, S4.

T & Ss: (다른 대사도 살펴보면서 어떻게 연기를 할 지 이야기한다.)

T: Now, practice the roles in your group. Don't just read the script. Try to act like Heungbu or Nolbu.

Ss: (학생들은 역할 놀이 연습을 한다.)

T: Now, it's time to do the role play in front of the class. While you're watching the other groups' plays, I want you to check how well they act. Here's the checklist. Take one and pass them on. (체크리스트를 나누어 준다.) Do you all have the checklist?

Ss: Yes.

T: Okay. Which group wants to go first?

Ss: Here! Me!

(각 모둠이 나와서 역할 놀이를 발표한다.)

T: Terrific! All of you are perfect!

역할 놀이에서는 언어 표현뿐만 아니라 표정, 제스처 등 비언어적인 부분도 같이 지도해요.

역할 놀이는 말하기의 유창성을 높이는 것이 목표이므로, 학생들로 하여금 충분히 연습하도록 하여 자연스럽고 유창하게 말할 수 있게 된 후에 역할 놀이를 하도록 해요.

상호평가는 다른 친구들의 역할 놀이를 관찰하면서 자신이 수행한 역할 놀이를 성찰할 수 있는 기회를 제공하므로, 체크리스트에 자기평가를 포함하는 것도 효과적이에요.

③ Task

- 제시된 〈대화문〉을 활용하여 '상황에 적합한 역할 연습'(contextualized drills) 유형으로 역할 놀이를 지도하는 수업 장면을 구성해 보세요.

대상:	3~4학년군
의사소통기능:	A: Is this your bag?
	B: No, it isn't. My bag is blue.

〈대화문〉

(남자아이가 가방을 가지고 장난을 치다가 실수로 연못에 빠뜨렸다.)

〈Scene 1〉 요정: (빨간색 가방을 보여주며) Is this your <u>bag</u>?

　　　　　 Minsu: No, it isn't. My bag is <u>blue</u>.

〈Scene 2〉 요정: (파란색 작은 가방을 보여주며) Is this your <u>bag</u>?

　　　　　 Minsu: No, it isn't. My bag is <u>big</u>.

〈Scene 3〉 요정: (파란색 큰 가방을 보여주며) Is this your <u>bag</u>?

　　　　　 Minsu: Oh, yes! It's my bag.

〈Scene 4〉 요정: This is for you.

　　　　　 Minsu: Thank you.

〈How to play〉

1. Listen and repeat the dialogue

2. Make groups and change some parts of the dialogue with group members.

3. Decide each member's role

4. Practice in your group.

5. Perform the role play.

④ Classroom English

Categories	Teacher Talk
Making a script	• How would you like to change this part? • You can write anything you like by changing the underlined part of the sentence. • Are you ready to write your own script? • Imagine/Let's say you are Heungbu. What would you say?
Deciding the role	• Any volunteers to be/to play/for the police officer? • Who wants to play the part of Heungbu? • You are to be/will be Heungbu.
Practicing the dialogue	• Let's rehearse. • Practice the lines first. • Let's go over some words/phrases that might be useful. • You can use your textbook. • Try to learn your lines by heart.
Acting out the dialogue	• Now we can act this conversation out. • Let's dramatize this story/dialogue. • How would you act this scene out? • Come out to the front and show everybody else.
After performing the role play	• A round of applause for everyone. • A big hand for the actors and actresses. • Some applause for the stars of the show. • Please take a bow. • That was a great performance!

8장 파닉스
(Phonics)

1 이론적 배경

정의

파닉스는 철자와 소리 간의 관계를 나타내며, 파닉스 지도법은 초보 읽기 학습자들이 철자와 소리 간의 대응관계(relationship between letter/spelling and sound)를 파악하여 낱말을 소리 내어 읽을 수 있도록 도와주는 것이다. 파닉스 지도는 문자 해독(decoding)의 일부 과정으로 철자의 음가를 가르치게 되는데, 이는 특정 소리를 어떻게 발음하는지를 가르치는 발음지도와는 구별된다. 파닉스 기본 원리를 활용하여 텍스트를 해독하는 것이 읽기의 첫 단계라고 할 수 있다. 그러나 의미 이해를 수반하지 않는 것은 진정한 읽기로 보기 어려우므로 유의미한 맥락에서 의미와 연관지어 철자와 소리 간의 관계를 지도하는 것이 바람직하다.

"The purpose of phonics instruction is to teach beginning readers that printed letters represent speech sounds heard in words" (Heilman, 2002 p. 1). Phonics instruction is intended to help children see the correspondence between letters and sounds. While decoding is one of the first stepping stones to reading, it's important to remember that decoding is different from reading. ... there also can be confusion between pronunciation and phonics. Phonics is the teaching of as part of decoding. Pronunciation, on the other hand, refers to the way one articulates specific sounds. ... However, it's important to remember that pronunciation is only concerned with sounds, and phonics-based instruction is concerned with teaching children that letters can be put together to form words. It is important to always keep meaning in focus when providing phonics instruction.

(Linse, 2006, pp. 76-77)

필요성

영어 읽기는 문자를 해독하는 것에서 시작되므로, 문자 해독 능력은 학습자의 읽기 능력을 결정하는 중요한 요인 중의 하나이다. 초기 읽기 단계에서 단어를 소리내어 읽지 못하면 문자언어에 대한 부담으로 읽기에 대한 흥미와 자신감을 잃어버릴 수 있기 때문에 결과적으로 읽기 능력 및 읽기 성취도가 낮아질 수 있다. 특히 학년군 및 학교급이 높아질수록 읽기와 쓰기의 비중이 높아지므로, 문자 해독 방법을 터득하지 못할 경우 영어학습부진을 유발할 수 있다. 따라서 철자-소리의 관계를 파악하여 문자 해독의 기틀을 마련하는 파닉스 지도법은 영어 초기 학습자에게 필수적이다. 나아가 문자를 해독하는 방법을 지도할 때 실제적인 맥락 속에서 의미까지 함께 이해하도록 한다면 초기 영어 학습자들의 읽기 이해 능력을 효과적으로 향상시킬 수 있을 것이다.

교육과정과 교과서 관련성

파닉스 지도와 관련된 영어과 교육과정 성취기준은 3~4학년군 읽기 성취기준에 "[4영03-02] 소리와 철자의 관계를 이해하여 낱말을 읽을 수 있다."로 나오는데, 이를 바탕으로 3~4학년 교과서별로 다양하게 파닉스 지도가 이루어지고 있다. 교육과정의 성취기준 해설에서는 다음과 같이 기술되어 있다.

낱말을 구성하고 있는 철자가 낱말 안에서 어떤 음가를 갖고 있는지 이해하고 이를 바탕으로 낱말을 스스로 읽을 수 있는 것을 말한다. 학습자들은 여러 낱말들을 접하면서 각 철자가 어떤 소리를 내며, 같은 철자라도 낱말에 따라 달라진다는 것을 인식하게 된다. 처음에는 낱말의 첫 글자를 나타내는 소리만 인식하다가 점차 낱말의 끝 글자를 나타내는 소리도 인식하게 된다. 나아가 낱말이 자음과 모음으로 구성된다는 것을 알고 모음의 소리까지도 인식하게 된다. 모음의 소리를 인식하게 되면 낱말의 음절을 구분할 수 있게 되어 소리와 철자와의 규칙을 적용하여 낱말을 스스로 읽을 수 있게 되며, 점차 독자적인 읽기의 기초가 되어 문장이나 글을 읽을 수 있는 수준으로 발전하게 된다. 소리와 철자와의 관계는 여러 낱말들을 접하면서 어느 정도 자연스럽게 인지하게 되지만 간단한 낱말 중에서 비슷한 철자 구조를 가지고 있는 낱말을 통해 좀 더 명확하게 인식하도록 한다.

(교육부, 2015, p. 18)

5~6학년군 쓰기 성취기준에서도 소리와 철자의 관계가 언급되고 있다. 이는 "[6영04-01] 소리와 철자의 관계를 바탕으로 쉽고 간단한 낱말이나 어구를 듣고 쓸 수 있다."로, 파닉스 지도와 관련하여 읽기와 쓰기 기능이 연관되어 있음을 보여주고 있다. 교육과정 성취기준 해설에서는 다음과 같이 설명하고 있다: "알파벳 쓰기 수준보다 한 단계 높은 단어를 듣고 쓰는 단계이며 학습자들이 낱말이나 어구의 철자를 기계적으로 외우지 않고 소리와 철자의 관계를 바탕으로 유추해서 쓸 수 있는 단계를 의미한다." (교육부, 2015, p. 29)

교육과정의 '교수·학습 방법 및 유의 사항'에서는 파닉스 지도 시 활용할 낱말 선정 및 지도 방법에 대하여 다음과 같이 제시하고 있다.

소리와 철자의 관계를 지도할 때에는 여러 낱말을 예시로 제시하여 소리와 철자 관계의 규칙을 스스로 찾아보도록 하며 대응 관계가 규칙적인 낱말, 철자 패턴이 같은 낱말 등을 우선 적용하여 지도한다. 그러나 소리와 철자 관계의 규칙성을 지나치게 강조하면 오히려 역효과가 날 수도 있으므로 여러 가지 활동 속에서 자연스럽게 인식하도록 한다. 낱말을 듣고 첫소리나 끝소리가 같은 낱말 찾기, 소집단 활동으로 첫소리나 끝소리가 같은 낱말 사전 만들기, 첫소리가 같은 낱말 릴레이 등의 다양한 활동을 활용할 수 있다(교육부, 2015, pp. 18-19).

교과서에서는 파닉스 관련 성취기준과 연관된 활동을 다음과 같이 제시하고 있다. 예시 1은 "[4영03-02] 소리와 철자의 관계를 이해하여 낱말을 읽을 수 있다."라는 성취기준과 관련이 있다. 철자 P와 소리 /p/, 철자 B와 소리 /b/의 관계를 이해하고 낱말을 읽게 하고 있다. P와 B로 시작하는 단어를 그림과 함께 제시하여 단어의 의미도 알려주고 있다. 예시 2는 "[6영04-01] 소리와 철자의 관계를 바탕으로 쉽고 간단한 낱말이나 어구를 듣고 쓸 수 있다."라는 성취기준과 연관되어 있다. 대화를 듣고 소리와 철자의 관계를 바탕으로 여자아이의 사진 옆에 그 이름

(Mao)을 쓰도록 하고 있다.

예시 1. 대교 3학년 교과서 93쪽

예시 2. YBM(최) 6학년 교과서 18쪽

지도 순서 및 방법

영어 알파벳은 총 26개로 자음은 21개(반자음 y, w 포함), 모음은 5개(a, e, i, o, u)이다. 영어는 모든 철자와 소리 간의 관계가 일대일의 관계라고 보기 어렵지만 일정한 규칙성이 있다. 자음의 경우는 조음 위치가 비교적 정확하며 몇 가지 예외를 제외하면 소리와 철자의 일대일 대응이 잘 되어 지도가 용이하다. 반면, 모음은 혀의 높낮이, 입의 모양이나 긴장도에 따라 소리가 정해지기에 지도가 쉽지 않고, 한 모음이 다양한 음가를 가지고 있다.

따라서 파닉스를 지도할 때는 철자와 소리의 관계가 보다 규칙적인 자음부터 지도하는 것이 효과적이다. 그 중에서도 소리와 철자가 일대일 대응이 되는 자음(p, b, m, t)을 먼저 지도하는 것이 좋다. 이어서 후속 모음에 따라 소리가 달라지는 불규칙 자음(c, g)을 지도하고, 모음과 결합해 음가를 내거나 모음의 역할도 하는 반자음(y, w)을 지도하는 순서가 효율적이다. 다음으로

서로 다른 자음을 연결시켜 발음하는 혼성자음(blend: bl, gr, sw, spl)을 지도한 후, 두 개의 철자가 결합하여 새로운 음가를 가지는 이중자음(consonant digraph: ch, sh, ph, th)을 지도할 수 있다. 모음의 경우는 단모음(예: mat)을 먼저 지도하고, 장모음(예: mate), 두 개의 각각 다른 소리가 혼합된 복모음(diphthong: oi, oy, au, aw, ou, ow)과 두 모음이 합쳐져 새로운 음가를 내는 이중모음(vowel digraph: oa, ee, ea, ai, ay)의 순서로 지도할 수 있다.

자음을 지도할 경우 주로 단음절로 된 낱말을 활용하되, 첫소리가 같은 낱말, 즉, 두운(alliteration)을 이루는 낱말을 읽는 연습을 하도록 한다(b-: bat, bed, bin, bop, bud 등). 모음을 지도할 때는 각운(rhyme)을 이루는 낱말을 활용한다(-all: ball, call, fall, hall, mall, tall, wall 등). 영어에서 모음은 철자 하나가 여러 개의 음가를 가지므로 상당히 불규칙적이지만, 각운을 이루는 낱말 세트에서는 소리-철자 관계의 규칙성이 훨씬 높아지므로 모음을 지도하기 좋다(a: fan, can, man). 다음 표 1은 파닉스 지도 시 참고할 수 있는 소리-철자 관계의 유형과 낱말의 예를 보여주고 있다.

〈표 1〉 파닉스 지도 유형 및 예

구분	유형	예
자음	소리-철자 대응이 잘되는 자음(p, b, m, t)	
	불규칙자음(c, g)	can, ceiling game, gene
	반자음/모음(y, w)	yes, soy west, few
	혼성자음(bl, gr, sw, spl)	blank, grow, sweep, splash
	이중자음(ch, ph, sh, th, gh, wh, ng)	chair/bench, phone/graph, shine/dash, thin/math ghost, where, sing
모음	단모음(a, e, I, o, u)	fan, fed, fin, fox, fun
	장모음(a, e, I, o, u)	cake, pete, pine, vote, mute
	복모음(oi, oy, au, aw, ou, ow)	soil, boy, taught, awesome, ouch, owl
	이중모음(oa, ee, ea, ai, ay)	boat, meet, neat, rain, hay
두운 초성	자음 첫소리 음절에서 각운을 제외한 나머지 부분	bat, bed, bin, bop, bud bold(b+old), kite(k+ite)
각운	-all, -ay, -ag, -at, -ain, -op, -ow, -ob, -im, -illl, -ack, -ing, -eed, -in, -ew, -ock, -uck, -ip, -ank, -ap, -y, -an, -ore, -ake, -um, -ick, -unk, -out, -est, -ed, -ine, -am, -ell, -all, -ug, -ink, -ab, -ight	-ay: bay, day, hay, may, pay, ray, say -ake: bake, cake, fake, jake, lake, rake, sake, take

지도방법으로는 (1) 이야기, 노래, 찬트를 활용해 파닉스를 지도할 수 있다. Dr. Seuss 등 De-codable text 및 Jolly Phonics를 활용할 수 있다. (2) 놀이나 게임을 활용하여 파닉스를 지도할 수 있다. 소팅(sorting) 활동(첫소리가 같은 낱말 등)이나 카드 매칭 게임 등을 활용할 수 있다. (3) 교구를 활용한 파닉스 지도가 가능하다. 플립북, 포켓홀더, 플래시 카드(아래 그림 참조)로 지도할 수 있고, 낱말 사전 만들기('B'로 시작되는 낱말 사전 만들기 등) 등을 해 볼 수 있다.

음성 언어와 문자언어를 자연스럽게 접목시키고, 단어의 철자를 읽을 때 그림 등 시각자료를 함께 제시하여 철자의 형태, 소리, 의미를 통합해 배우도록 하는 것이 바람직하다. 파닉스 지도를 위한 다양한 스토리북이 나와 있으므로 이를 활용하여 지도한다면 실제적이고 의미있는 맥락 속에서 철자와 소리를 대응시키거나 문자언어와 음성 언어를 연계시킬 수 있을 것이다. 특히 유사한 철자와 소리를 집중적으로 제시하고 지도하는 경우 다소 과장되거나 뜻하지 않은 상황 속에서 교사와 학습자가 즐겁게 지도하고 배울 수 있을 것이다.

| 플립북(flip book) | 포켓 홀더(pocket holder) | 플래시 카드(flash card) |

[그림 2] 파닉스 지도에 사용되는 자료

지도상 유의점

- 파닉스는 읽기 수업의 한 부분이므로 지나치게 많은 시간을 활용하여 규칙을 가르치기보다는 유의미한 읽기와 쓰기 활동의 낱말과 연계하여 패턴을 파악하는 데 중점을 두도록 한다.
- 파닉스 지도 시 활용할 낱말을 선정할 때 음성 언어에서 친숙한 낱말을 활용하는 것이 학생들의 인지적인 부담을 줄이고 흥미와 관심을 일으킬 수 있다.

2 Model Lesson

학습목표:	그림책을 이용하여 최소대립쌍을 이루는 단어를 읽고 의미를 이해할 수 있다.
대상학년:	3~4학년군
어휘:	mouse, house, all, tall, small
준비물:	그림책, 그림 카드
학습조직:	개인, 짝, 전체

스토리북 형태의 파닉스 교재는 실제성이 높고 의미를 전달하기가 쉬우며, 스토리가 있어 학생들의 흥미를 끌 수 있어요.

각운이 동일한 낱말을 의미 있는 맥락에서 연습하면 철자-소리의 대응관계와 함께 의미까지 알게 할 수 있어요.

출처: Seuss, Dr. (1963). Hop on pop. New York: Random House

T: Today, we are going to learn how to read aloud some words. (책 표지에 나온 단어를 가리키며) There are some letters in one word. We can use these letters to read the word. Do you want to know how to read it?

Ss: Yes.

T: Here is a book. This book will help you read aloud words better. I'll read it for you. Please look at the pictures for the meaning as you listen. Okay?

파닉스를 지도할 때에는 낱말의 문자해독에만 집중하기보다는 의미도 함께 이해하도록 지도하는 것이 좋아요.

Ss: Yes.

T: (책의 해당 부분을 가리키며 읽는다)

Cup, pup, pup in cup

Pup, cup, cup on pup

All, tall, we all are tall

All, small, we are all small

Jump, bump. He jumped, he bumped.

Fast, past. He went past fast.

Went, tent, sent. He went into the tent. I sent him out of the tent.

Do you understand what I read aloud? Do the pictures help you understand?

Ss: Yeah.

T: Then repeat after me. /k/ /k/ cup.

Ss: /k/ /k/ cup.

T: /p/ /p/ pup.

Ss: /p/ /p/ pup.

T: Pup in cup.

Ss: Pup in cup.

T: Repeat again. (천천히 읽어주며) Pup in cup.

Ss: Pup in cup.

T: Now, let's read aloud the words, phrases, and sentences together. I'll show you the actions as to what the words and expressions mean. (컵과 강아지인형으로 행동을 보여주며) Cup, pup, pup in cup.

Ss: Cup, pup, pup in cup.

(중략)

T: Great. Now you can read the book. This time we will look at the

/k/와 /p/로 시작하는 낱말을 연습할 때 첫소리(음소)를 인지하도록 먼저 /k/와 /p/, 그리고 낱말 전체를 2~3번 반복해요.

낱말이나 표현을 행동으로 표현하게 하는 것은 학생들의 흥미를 끌고 낱말이나 표현의 의미를 더 잘 기억할 수도 있게 해요.

words more carefully. Some words in this book are in pairs. They have the same letters and sounds. Can you find them?

Ss: Cup-pup.

T: Right. They are a pair. Which letters are the same?

Ss: U, P.

T: What sound do they make?

Ss: /ʌp/.

T: /ʌp/. Very good! The letters U-P make the sound /ʌp/. Can you find more words with U-P.

Ss: Yes, up!

T: Great, U-P as in up and down. Let's find more some pairs in the book. Can you find other pairs?

S1: Yes. all-tall.

S2: All-small.

T: All-tall. All-small. Great. Which letters are the same in these words, all-tall-small?

Ss: A-L-L.

T: Very good. What other words have the same letters, A-L-L?

S3: Ball.

S4: Call.

S5: Mall.

T: Nice. All, ball, call, mall. They all have the same letters A-L-L. And they have the same sounds /ɔːl/. Now can you read words with the letters A-L- L?

Ss: Yes!!!

T: Great job. Can you find more pairs?

(중략)

T: (낱말카드를 보여주며) Let's read aloud the words we learned today.

파닉스를 지도할 때 낱말 플래시카드를 사용해서 학생들이 낱말을 읽어보며 연습하고 정리할 수 있어요.

Ss: Cup-pup.

T: Cup-pup, great.

Ss: All-tall.

T: Good.

Ss: Jump-bump.

T: You did a good job!

③ Task

- 제시된 어휘를 활용하여 철자 B와 소리 /b/를 지도하는 장면을 구상해 보세요.

조건:	플래시 카드를 활용하세요.
대상:	3~4학년군
의사소통기능:	Bat, ball, bear, banana, baby, basket, bus
학습조직:	소그룹

4 Classroom English

Categories	Teacher Talk
General instructions	• We are going to learn how to read aloud words. • There are 26 letters in the English alphabet. • What is the beginning sound? • We don't have this sound in Korean. • Repeat after me. Cup, pup, pup in cup.
Consonant	• Let's learn the /b/ sound. • The letter makes a /b/ sound. • Tell me a word starting with a /b/sound. • What are the words that start with the /b/sound? • Write down three words starting with the /b/ sound. • Now listen and repeat the words beginning with /b/. • Be careful not to get confused with /b/ and /v/ sounds.
Vowel	• How many vowels are there with this word? • What's the vowel sound in 'pig'? • This is pronounced long. • It should be pronounced short. • Tell me a word with an /i/ sound.
Letter-sound relationship	• Listen to the words and color the first letter of each word. • What letter do these words have in common? • What sound does that letter make in these words? • What sound does it make? • The letter 'a' makes an /æ/ sound. • The letter 'a' is /æ/ in apple. • Who can find a word beginning with a 'b'? • They are different by one letter/sound, especially at the beginning of the pair words. • Please repeat after me. *ban-van*.

Minimal pairs	• Some words in this book are in pairs. They have the same letters and sounds. • They are a pair. Which letters are the same? • The letters U-P make the sound /ʌp/. Can you find more words with U-P? • Can you find other pairs?
Read aloud words/ expressions	• Let's read aloud the words/expressions together. • I'll show you the actions as to what the words and expressions mean.

9장 읽기 전략
(Reading Strategy)

 1 이론적 배경

정의

  읽기 전략은 학습 전략의 한 갈래로 볼 수 있다. 일반적으로 학습 전략은 주어진 문제를 해결하거나 정보의 습득, 저장, 재생, 활용을 효과적이고 용이하게 하기 위해 학습자가 선택하여 취하는 의식적인 행동을 말한다(이경랑, 김수연, 김슬기, 이윤정, 2011; Griffiths, 2008; Oxford, 1990). 이를 적용하면, 영어 학습 전략이란 영어를 학습하는 데 있어서 부딪히는 문제를 해결하거나, 영어를 쉽고 효과적으로 배우기 위하여 취하는 의식적인 행동을 말한다(Oxford, 1990). 읽기 전략은 텍스트를 읽고 이해하는 과정에서 부딪히는 문제를 해결하거나 의미 구성을 하기 위해 취하는 의식적이고 계획적인 행동이다(Duffy, 1993; Janzen, 2002). 좀 더 구체적으로 말하면, 읽기 전략은 텍스트를 읽고 이해하는 데 필요한 상향식 처리 과정과 하향식 처리 과정이 원활히 이루어질 수 있도록(☞두 과정에 대한 설명은 2장 듣기 이해 참조), 모르는 단어의 의미를 사전에서 찾아보거나 맥락에서 추측하기, 텍스트와 연계되는 배경 지식 활성화하기, 그림 자료를 통해 내용 예측해 보기 등의 다양한 행동을 포함한다. 전략(strategy)과 기능(skill)을 혼동하는 경우가 많은데, Oxford(2011)는 전략은 목적적이고 의도적인(intentional and deliberate) 것인 반면, 기능은 자동적이고 명시적으로 인지하지 못하는(automatic and out of awareness) 것으로 구별하였다.

To understand **learning strategies**, let us go back to the basic term, *strategy*. This word comes from the ancient Greek term *strategia* meaning generalship or the art of war. More specifically, strategy involves the optimal management of troops, ships, or aircraft in a planned campaign.... The strategy concept, without its aggressive and competitive trappings, has become influential in education, where it has taken on a new meaning and has been transformed into learning strategies.... learning strategies are specific actions taken by the learner to make leaning easier, faster, more enjoyable, more self-directed, more effective, and more transferrable to new situations (Oxford, 1990, pp. 7-8).

Language learner strategies can be defined as thoughts and actions, consciously selected by learners, to assist them in learning and using language in general, and in the completion of specific language tasks. Such strategies have been classified in different ways—for example, strategies for learning and use, strategies according to skill area, and strategies according to function (i.e., metacognitive, cognitive, affective, or social) (Cohen, 2011, p. 682).

필요성

읽기 전략은 영어에 대한 경험과 노출, 언어적 지식이 부족한 초등학교 학습자들이 글을 읽고 이해하는 데 매우 유용하다(Koda, 2005). 음성 언어 발달이 문자언어 발달에 선행되는 모국어 읽기에서는 초등학교에 입학하기 전에 5,000~7,000개 정도의 음성 어휘를 습득하게 되는데, 초기 읽기 단계에서는 이때 형성된 어휘와 문법 지식을 활용하는 것이 가능하다(Grabe & Stoller, 2002). 반면, 외국어 읽기에서는 음성 언어와 문자언어 발달이 동시에 일어나는 경우가 많다. 때문에 초기 읽기 단계에서는 기초적인 언어 지식이 형성되지 않은 상태라 읽기에 어려움을 겪는다. 따라서 그림 등의 시각 자료나 배경지식을 활용하여 내용을 추측하도록 하는 등의 읽기 전략을 지도하는 것이 더욱 중요하고 필요하다(Grabe, 1991).

읽기 전략에 대한 선행 연구에 따르면, 읽기 전략의 사용은 학습자들의 읽기 성취 정도 및 읽기 능력 발달과 밀접한 관련성을 보인다. 예를 들어 읽기 능력이 다른 학습자들의 전략 사용을 살펴본 결과, 능숙한 독자들은 텍스트 유형과 읽기의 목적에 맞게 다양한 읽기 전략을 적절하게 활용한 반면, 읽기 능력이 부족한 학습자들의 경우 읽기 전략을 잘 사용하지 못하였다(Janzen, 2002). 이는 읽기 전략 지도를 통해 학습자들의 읽기 능력을 향상시킬 수 있음을 의미한다. 실제로 읽기 전략을 명시적으로 가르침으로써 학습자들의 읽기 수행이 향상되었다고 보고한 국내외 연구들도 많다(김혜리 & 김영미, 2010; 이동은 & 신상근, 2013; Carrell, 1985; Pearson & Fielding, 1991).

교육과정 및 교과서 관련성

교육과정의 읽기 교수·학습 방법 및 유의 사항에서는 "글 수준의 읽기 단계에서 초등학생 수준에 알맞은 학습 전략을 활용하도록 지도하면 학습자들 스스로 읽기 능력을 향상시키는 데 효과적이다."(교육부, 2015, p. 28)라고 명시하고 있다. 따라서 초등학생 수준에서 활용할 수 있는 읽기 전략의 종류를 파악하고, 이를 어떻게 가르칠 것인지 생각해 보는 것이 필요하다. 읽기 전략의 사용은 교육과정의 핵심역량 중 '자기관리 역량'과도 관련된다. "자기관리역량은 영어에 대한 흥미와 관심을 바탕으로 학습자가 자기 주도적으로 영어 학습을 지속할 수 있는 역량이며 영어에 대한 흥미, 영어 학습 동기, 영어 능력에 대한 자신감 유지, 학습 전략, 자기 관리 및 평가를 포함한다."(교육부, 2015, p. 3). 텍스트 유형과 읽기 목적에 따라 적절한 읽기 전략을 선택하고 활용하는 것, 자신의 읽기 과정과 결과에 대해 성찰하고 평가해 보는 전략은 자기 주도적으로 읽기 학습을 하는 데 필수적인 것이다. 영어에 대한 노출이 부족한 우리나라 환경에서는 다독(extensive reading)이 매우 효과적인데, 자기 주도적으로 다독을 하기 위해서도 읽기 전략이 필요하다.

초등학교 영어 교과서에서도 읽기 전, 중, 후의 과정을 통해 다양한 읽기 전략을 활용하도록 안내하고 있다. 아래의 예시에서는 'Before You Read'에서 질문과 지시문을 제시하고 있는데, 그림을 보고 생각하는 것을 말해보도록 함으로써 배경지식을 활성화하는 '미리 살펴보기(previewing)' 전략이 반영되어 있다. 또한, 글을 읽으면서 비교하기 문장을 찾아보고 중심 내용을 파악하도록 하는 '훑어 읽기(skimming)' 전략도 사용하도록 안내하고 있다. 글을 읽은 후 활동으로는 글의 중심 내용을 확인하고 정리해 보는 '요약하기(summarizing)' 전략이 있다. 이처럼 교과서에는 읽기 전략의 명칭과 활용 방법을 구체적이고 명시적으로 설명하고 있는 것은 아니지만, 읽기 전, 중, 후 활동을 통해서 다양한 읽기 전략을 사용하도록 안내하고 있다.

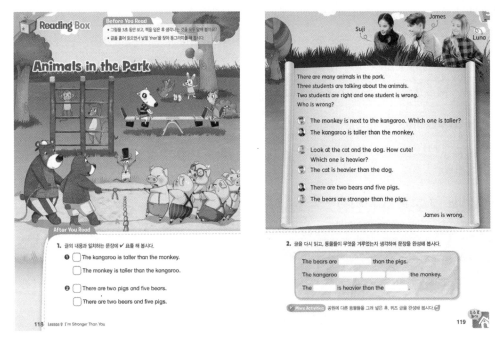

YBM(최) 6학년 교과서 118~119쪽

읽기 전략의 유형 및 지도 방법

읽기 이해 과정에서는 다양한 읽기 전략이 필요하다. 이에 학자들은 여러 유형의 읽기 전략을 제시하고, 이를 수업에서 어떻게 안내하고 활용할지 제시하였다. Anderson(1999)은 읽기 전략을 '인지(cognitive) 읽기 전략', '상위인지(metacognitive) 읽기 전략', '보상(compensatory) 읽기 전략'의 세 가지 범주로 분류하였다. 이 중 인지 읽기 전략은 읽기 이해의 인지적 과정이 원활하게 이루어지도록 돕는 전략이며, 상위인지 읽기 전략은 독자 스스로 읽기 과정과 결과에 대한 점검, 평가, 개선을 위해 사용하는 전략이다. 보상 읽기 전략은 여러 가지 비언어적 단서 및 읽기 보조 자료를 활용하는 전략이다. 그 외 다른 학자들은 빈번하게 사용되는 읽기 전략으로서 예측하기, 점검하기, 시각화하기, 연관짓기, 질문하기, 요약하기, 훑어 읽기, 찾아 읽기 등을 제시한 바 있다(김혜리, 김영미, 2010; Duke & Pearson, 2002; McLaughlin, 2012; Nuttall, 2005).

읽기 전략을 초등학생들에게 지도할 때에는 두 가지 접근 방식을 취할 수 있다. 첫째, 읽기 수업의 절차인 읽기 전, 중, 후 단계별로 읽기 전략을 활용하도록 간접적으로 지도하는 방법이 있다. 둘째, 읽기 전략에 대한 설명이나 모델링을 통해 명시적으로 지도할 수 있다. 먼저, 읽기 전, 중, 후 단계별로 필요한 읽기 전략을 활용하도록 안내하기 위해, 교사는 빈번하고 유용한 읽기 전략을 이해하고 이를 수업에서 언제, 어떻게 활용하는 것인지 알아둘 필요가 있다. 표 1에서는 소집단 활동 중심의 읽기 전략 지도 방법인 상보적 교수(Reciprocal Teaching)를 비롯하여 국내외 학자들이 제시한 읽기 전략의 유형, 내용과 지도 방법, 활용 단계 중에서 초등학교 영어 수업에 활용할 수 있는 것을 정리하였다(김혜리 & 김영미, 2010; McLaughlin, 2012; Nuttall, 2005; Palincsar & Brown, 1984).

〈표 1〉 읽기 전략의 유형과 활용 단계

읽기 전략	내용 및 지도방법	활용 단계
미리보기 (previewing)	• 제목, 표지, 삽화를 활용하여 내용 예측하기(predicting) • 주제와 관련되는 배경지식 형성하기/활성화하기(building/activating) • 텍스트의 대략적인 내용을 알아보기 위해 빠르게 훑어 읽기(skimming) • 텍스트의 특정 정보를 찾아 읽기(scanning)	읽기 전
점검 및 명료화하기 (monitoring & clarifying)	• 텍스트의 내용이 이해가 되는지 점검하기 • 이해가 되지 않는 부분에 밑줄을 긋거나 표시해 보기 • 이해가 가지 않는 부분에 대하여 짝, 동료, 선생님께 물어보기 • 모르는 단어나 문장의 의미를 알아보기 위해 사전이나 주석 참고하기 • 모르는 단어나 문장의 의미를 알아보기 위해 삽화와 연결해 보기 • 모르는 단어나 문장의 의미를 알아보기 위해 앞뒤 문장 읽어보기	읽기 중
질문하기 (questioning)	• 텍스트에 명시적으로 나타난 사실적 정보에 대한 질문하기 • 텍스트의 주제와 요지 등 추론적 내용 질문하기 • 짝, 소집단별로 텍스트에 대한 질문 만들기	읽기 중
시각화하기 (visualizing)	• 이야기의 장면이나 배경, 인물의 행동 등을 마음속으로 그려보기 • 이야기의 장면이나 인물의 행동에 대해 그림으로 그려보기	읽기 중 읽기 후
연결하기 (connecting)	• 텍스트의 내용과 자신이 알고 있는 지식 및 경험과 연관 짓기 • 텍스트의 내용과 자신이 이전에 읽어본 다른 텍스트와 연관 짓기	읽기 중 읽기 후
요약하기 (summarizing)	• 텍스트의 유형에 따른 주요 내용을 추출하여 요약하기 • 그래픽 조직자(graphic organizer)를 통해 주요 내용 요약 정리하기 • 이야기 텍스트(narrative text)는 인물, 배경, 사건의 순서 혹은 사건의 발단, 전개, 절정, 결말에 따라 요약하기 • 정보 텍스트(information text)는 중심 내용과 세부 정보, 대상과 속성, 비교와 대조, 원인과 결과 등 담화 구조에 따라 요약하기	읽기 중 읽기 후

다음으로 Janzen(2002)은 읽기 전략에 대한 명시적 지도 방법으로 아래와 같이 다섯 가지 과정을 제안하였는데, 반드시 순차적으로 따라야 하는 것은 아니다.

1) 전략에 대한 토의(General strategy discussion)

읽기 전략을 소개하고, 읽기 전략을 사용하면 좋은 점에 대하여 함께 이야기한다.

2) 교사 모델링(Teacher modeling)

교사가 읽기 전략을 어떻게 활용하는지 명시적으로 보여주는 것으로서, 텍스트의 일부분을 소리내어 읽고, 해당 부분에서 어떻게 읽기 전략을 활용하는지 사고 구술(think aloud)을 통해 보여준다.

3) 학생 읽기(Student reading)

학생 스스로 텍스트를 읽고 자신의 사고 과정에 대하여 구술한다.

4) 전략 사용 분석(Analysis of strategy use)

교사의 모델링 또는 학생의 읽기 이후에 어떤 읽기 전략이 활용되었는지 토론하고 분석해 보는 과정이다.

5) 전략 설명과 토의(Strategy explanation and discussion)

개별적인 읽기 전략을 확인해 보고, 언제 사용하면 좋은지, 왜 사용하는지에 관하여 정기적으로 설명하고 토의하는 것으로, 이 때 도표나 그림을 활용하여 전략에 대하여 설명하는 것도 좋은 방법이다.

지도상 유의점

- 전략을 지도하기 위해서는 우선적으로 학습자가 가진 읽기상의 문제가 무엇인지를 파악하고, 이를 돕기 위한 읽기 전략에 초점을 두는 것이 좋다.
- 읽기 전략을 효과적으로 활용하기 위해서는 텍스트의 유형, 읽기의 목적, 학습자의 수준을 고려하는 것이 필요하다. 예를 들어 혼자서 읽을 때(independent reading) 맥락 속에서 단어의 의미를 추측하는 전략은 텍스트 어휘의 98% 이상을 알고 있을 때 효과적이다(Haynes, 1993; Nation, 2001, 2006). 그렇기 때문에 이 전략은 초등학교 학습자들이 활용하기에는 어려울 수 있음을 고려해야 한다.

- 초등학교 영어 수업에서 읽기 전략을 효과적으로 활용하기 위해서는 학생들의 수준에 맞는 스캐폴딩(scaffolding)을 제공하는 것이 중요하다. 예를 들어, 요약하기의 경우 학생들이 쉽게 쓸 수 있도록 빈칸 채우기를 활용하거나 그래픽 조직자(graphic organizer)를 제공할 수 있고, 주어진 문장을 배열하여 보고 쓰기를 실시할 수도 있다.

- 읽기 전 단계에서 주로 활용하는 배경지식 활성화는 교사의 발문을 통해 텍스트 내용과 밀접하게 연관되도록 유도하는 것이 중요하다. 학습자의 배경지식인 스키마(schema)는 문화적, 개인적 경험에 따라 구조와 내용에 차이가 있을 수 있고, 특정 주제에 대한 배경지식의 범위도 매우 넓다. 따라서 텍스트의 내용과 밀접하게 연결되도록 질문을 던지거나 유도하지 않으면 자칫 텍스트의 이해에 도움이 되지 않을 수 있고, 학습자들의 배경지식이 오히려 잘못된 이해를 유발할 수도 있다.

2 Model Lesson

학습목표:	읽기 전략을 활용하여 쉽고 짧은 이야기를 읽고 이해할 수 있다.
대상학년:	5~6학년군
읽기자료:	이야기텍스트, The Gruffalo by Julia Donaldson
준비물:	Big Book 혹은 이야기책 슬라이드
학습조직:	전체

T: Today, we're going to read a book. Look at the front cover of the book. Do you see the title?

Ss: Yes.

T: What is the title of the story? Can you read it?

S1: The Gruffalo.

T: Very good. And what do you see on the cover?

Ss: A mouse and a monster.

책의 표지 그림을 미리 살펴보는 것을 'previewing'이라고 해요. 이야기 텍스트에서는 그림을 볼 때 이야기의 주요 요소인 주인공과 배경을 살펴보는 것이 좋아요.

T: Who might be Gruffalo, the mouse or the monster?

S2: The monster?

T: Yes, the name of the monster might be Gruffalo. Now, look at the monster. What does he look like?

S3: He has orange eyes.

T: Yes, you're right. He has big orange eyes. What else?

S4: He has sharp teeth.

표지 그림에 대한 'previewing' 과정에서 이야기에 나올 주요 어휘를 자연스럽게 살펴보는 것도 가능해요. 'The Gruffalo'라는 이야기에서는 괴물의 생김새에 대해 묘사하는 문장이 여러 곳에서 나오는데, 어휘들이 약간 어려운 편이에요.

T: Right. He has sharp teeth, and they look very scary.

S5: He has big feet, too.

T: Very good. He has big feet and claws. What does the word 'claw' mean?

S4: I don't know.

T: It means '발톱' in Korean. Where are the monster and mouse? Are they at a school?

Ss: No, they're in the forest.

T: Excellent. They're in the forest. Who else might be in the forest?

S5: Lion.

T: Yes, there might be lions, too. Let's find who else is in the forest. Look through the story quickly and circle all the animal words.

Ss: (이야기를 읽어보며 동물 단어를 찾아 동그라미한다.)

T: Are you guys all finished?

Ss: Yeah.

T: Good. What animals are in the story?

Ss: A fox, an owl, and a snake.

T: Great. This time, look through the pictures in the story to guess what happens in the story.

Ss: (책의 삽화들을 살펴보면서 이야기 내용에 대해 생각해 본다.)

T: Now, can you guess what the story is about? What will happen in this story? Who wants to guess?

S6: 생쥐가 괴물을 이용해서 다른 동물들을 따돌리는 것 같아요.

S7: 생쥐가 꾀를 내어서 괴물에게 먹히지 않고 살아남는 것 같아요.

T: Very good guesses. Let's read the story together now. As we read the story, please check if your guesses are correct.

특정 정보를 찾아서 이야기를 빠르게 읽어보는 것을 찾아 읽기(scanning)라고 해요.

어떤 이야기인지 알아보기 위해 이야기를 빠르게 읽는 것을 훑어 읽기(skimming)라고 해요. 초등학생들에게는 다소 어려울 수 있으므로 텍스트를 읽어보는 대신 그림을 쭉 살펴보는 'previewing'을 통해 이야기의 내용을 생각해 보도록 할 수 있어요. 이런 활동을 'Picture Walk'라고도 해요.

여러 정보를 활용하여 이야기의 내용을 추측해 보는 것은 예측하기(predicting) 전략이에요.

예측하기는 후속 활동도 중요해요. 여러 가지 보조자료와 단서를 활용해 내용을 예측해 보는 것도 중요하지만, 텍스트를 읽고 난 후 자신의 예측이 맞았는지 확인하고, 예측한 것과 실제 내용이 틀렸다면 어떤 점 때문이었는지 생각해 보도록 한다면 읽기 전략을 효과적으로 활용하는 능력을 향상시킬 수 있어요.

출처: Donaldson, J. (1999). *The gruffalo*. New York: Dial Books for Young Readers.

③ Task

- 초등학생들에게 읽어줄 수 있는 쉽고 흥미 있는 이야기를 한 가지 고르고, 읽기 중 활동에서 어려운 어휘가 나왔을 때 다음과 같은 읽기 전략을 활용하도록 안내하는 장면을 구성해 보세요.

대상학년:	5~6학년군
읽기전략:	• 모르는 단어나 문장의 의미를 알아보기 위해 삽화와 연결해 보기 • 모르는 단어나 문장의 의미를 알아보기 위해 앞뒤 문장 읽어보기 • 모르는 단어의 의미를 알아보기 위해 사전이나 주석 참고하기

4 Classroom English

Categories	Teacher Talk
Previewing & Predicting	• Look at the front cover of the book. • Look at the title, pictures, and headings. • Think about what we're going to read today. • [Skimming] Look through the text quickly to guess what happens in the story. • [Scanning] Look through the text quickly to find the names of characters. • What do you know about (the topic)? • Tell me what you know about (the topic). • What will/might happen in the story? • Can you guess what the story is about?
Connecting	• What does this story bring to your mind? • Can you think of your own experience? • Can you think of a similar story? • Compare what you read with your own experience. • This story reminds me of my childhood.
Visualizing	• Let's visualize what's in the text. • Try to think of the story in your mind.
Monitoring & Clarifying	• Does this part make sense to you? • What is still not clear to you? Which part is difficult for you? • What clues can we use to figure out the word 'beautiful'? • Reread the sentences before and after for clues. • Break the word apart and look for smaller words. • Let's get some outside help. Look up the dictionary. • Let's chunk the text into smaller parts.
Questioning	• What questions did you have as you read? • Can anyone help answer that question? • Are there any other questions about the story? • Let's think of some questions to check our understanding of the story. • Remember to start your questions with *who, what, when, where, why,* and *how.* • Who would like to share their questions?

Summarizing	**Narrative Text** • What has happened so far? • Think about the characters, setting, and events of the story. • Who is the most important person? • What is the most important event? • What is most important about the person and the event? • Try to put the events in the correct order. • Can you retell the story in your own words? **Information Text** • Let's chunk the text into smaller parts. • What is the most important idea in this chunk? • What is the most important information in the text? • What parts can we leave out and still get the message across?

10장 읽기 연극
(Readers Theatre)

① 이론적 배경

정의

　　Readers Theatre(이하 RT)는 이야기, 시, 연설 등 다양한 텍스트를 바탕으로 구성한 대본(script)에서 역할을 나누어 반복적으로 읽는 연습을 하고 공연(performance)을 하는 활동이다. 공연에서는 대본을 외워서 말하는 것이 아니라 보고 읽도록 하며, 별도의 의상이나 분장을 사용하지 않는다. 또한 대사를 정확하고 적절한 속도로 읽기, 의미 단위로 끊어 읽기, 강세, 리듬, 억양을 살려 읽기를 통해 목소리만으로 의미를 전달하는 데 초점을 둔다(Rasinski & Stevenson, 2005; Young & Rasinski, 2009). RT는 공연이라는 목적을 활용하여 학생들로 하여금 반복해서 소리내어 읽기 연습을 할 수 있도록 동기를 부여하고, 이러한 반복적 읽기 연습과 공연을 통해 읽기 유창성(reading fluency)을 신장하는 데 목표를 둔다. 읽기 유창성이란 정확성(accuracy), 속도(rate), 적절한 표현(expression)과 함께 읽는 것을 말하며, 유창한 읽기는 능숙한 독자(skilled reader)의 대표적인 특징이다(Grabe, 2009; Lems, Miller, & Soro, 2017).

> **Fluency** has the Latin root *fluentem*, meaning lax, relaxed, or flowing, and other words with this root include *fluid, flow, flowing,* and *fluidity*. Although the definition of fluency in reading is not the same as that of speaking, both share the root idea that the activity is effortless, smooth, and trouble free. A fluent speaker of a foreign language has no trouble communicating orally on any sub-

10장　읽기 연극 ──────── 133

ject, and a fluent reader can easily handle reading material with ease and confidence (Lems, Miller, & Soro, 2017, p. 172).

Fluency in reading is the ability to read rapidly with ease and accuracy, and to read with appropriate expression and phrasing.... Fluency, and especially automaticity, allows readers to attend to the meaning of the text, the textual context, and required background knowledge without being slowed down by attentional word-recognition demands (Grabe, 2009, p. 291).

Readers Theatre...involves a dramatic performance of a written script without the use of memorization or elaborate props, costumes, special lighting, or acting.... This authentic approach to reading instruction motivates students to conduct repeated readings of their part in the script, thus developing accuracy and automaticity.... Furthermore, Readers Theatre encourages students to focus on prosody because reading their lines with meaningful expression helps the audience to further understand the story (Thoermer & Williams, 2012, pp. 443-444).

필요성

읽기 유창성은 정확성, 속도, 의미 단위로 끊어 읽기, 운율을 살려 읽기로 구성된다.(Grabe, 2009). 읽기의 정확성(accuracy)과 속도(rate)는 단어 인식의 자동성(automaticity)과 관계되는데, 능숙한 독자는 텍스트의 모든 단어를 빠르고 정확하게 인식하며, 대략 1분에 약 250~300 단어를 읽을 수 있다고 한다(Grabe, 2009). 읽기 유창성은 의미 이해도 함께 수반하는 개념이다. 텍스트에 대한 이해가 수반되지 않는다면 의미 단위로 끊어서 읽는 것과 느낌을 살려 읽기(reading with expression)가 어렵기 때문이다. 읽기 유창성 교육은 단어 인식의 자동성 발달과 함께 텍스트 이해 능력의 신장에도 도움을 주기 때문에, 초기 학습자를 위한 읽기 교육에서 중요한 부분이다(National Reading Panel, 2000).

외국 애니메이션을 모국어 더빙이 아니라 원어와 함께 모국어 자막으로 볼 수 있는 것은 모국어 읽기에서 중요한 전환점이다. 이는 모국어 읽기 유창성이 어느 정도 발달되었을 때 가능하기 때문이다. 그런데 외국어 읽기에서는 어느 정도 영어를 공부한 성인들도 유창한 읽기(fluent reading)에 어려움을 겪는다. 예컨대 외국 영화나 드라마를 볼 때 앞부분에 원어로 제시된 배경 설명을 다 읽기도 전에 화면이 전환되어 버린 경험을 누구나 갖고 있을 것이다. 더욱이 초기 영어학습자의 경우 텍스트의 낱말이나 문장을 더듬거리며 매우 느리게 읽거나 유사한 낱말을 혼동하여 잘못 읽는 경우가 빈번하다. 또한 강세, 리듬, 억양을 살려서 의미 단위로 끊어 읽기보다는 문장 내 낱말들을 하나씩 분절적으로 읽는 경우가 많다. 이는 읽기 유창성이 아직 부족하기 때문인데, RT는 초기 영어학습자들이 자신감을 가지고 텍스트를 유창하게 읽을 수 있도록 도와주는 활동이다.

읽기 유창성 신장을 위해서는 동일한 읽기 자료를 반복적으로 읽어보고 연습하는 것이 중요하므로, 반복 읽기(repeated reading)와 도움 읽기(assisted reading)가 널리 알려져 있다(Anderson, 2014; Nation & Newton, 2009; Samuels, 1979). 그런데 반복 읽기와 도움 읽기의 경우 읽기의 속도와 정확성만을 강조하기 때문에 학생들이 읽기 연습을 유의미하게 받아들이지 못하여 흥미를 갖고 참여하기 어렵다는 문제점이 있다. 반면 RT는 공연이라는 유의미한 목적을 부여함으로써, 학생들이 대본을 반복적으로 읽고 연습하는 것에 흥미를 가지고 적극적으로 참여하도록 한다(Worthy & Prater, 2002). 또한 공연에서는 대본을 소리 내어 읽도록 하기 때문에, 대사를 외우는 것에 대한 부담 없이 목소리만으로 대사의 의미를 효과적으로 전달하는 데 집중하도록 한다. 그리고 소리 내어 읽는 동안 의미 단위로 끊어 읽기(phrasing)나 운율(prosody)을 살려 읽는 것에 초점을 두게 되는데, 이는 의미 이해가 수반되어야 가능하므로 정확하게 읽는 것만을 강조하지 않는다.

RT는 준비하기 간편하고 읽기 활동 자체에 집중할 수 있도록 한다. 별도의 의상이나 분장, 무대 소품 등을 준비할 필요 없이 RT 대본을 준비하는 것만으로도 충분하다. 또한, 공연에서는 학생들이 대사를 보고 읽으면서 의미를 전달하는 데 초점을 두므로, 동작과 제스처 등을 활용한 연기, 대사 암기 등에 부담을 가지지 않고 오로지 읽기 활동에 집중하도록 하는 장점이 있다.

교육과정과 교과서 관련성

RT는 교육과정의 3~4학년군 읽기 성취기준인 "[4영03-03] 쉽고 간단한 낱말이나 어구, 문장을 따라 읽을 수 있다."와, 5~6학년군 읽기 성취기준인 "[6영03-01] 쉽고 간단한 문장을 강세,

리듬, 억양에 맞게 소리 내어 읽을 수 있다."와 주로 관련된다. RT는 읽기 유창성 신장을 위한 활동이고, 이들 성취기준은 읽기 유창성의 요소인 능숙한 속도로 정확하게 읽기와 운율을 살려 읽기(prosody in oral reading)를 목표로 하기 때문이다. 구체적으로 '4영03-03'은 읽기의 속도와 정확성을 위한 것인 반면, '6영03-01'은 속도와 정확성에 더하여 운율을 살려 읽는 것으로 확장하고 있다. 그런데 RT에서는 대사만으로 의미를 전달하기 위해 인물의 감정이나 태도에 맞게 적절한 강세, 리듬, 억양으로 읽는 것이 필요하므로, 이야기의 전개나 인물의 감정 등을 이해하는 것이 필요하다. 따라서, RT활동은 "[4영03-05] 쉽고 간단한 문장을 읽고 의미를 이해할 수 있다."와 "[6영03-04] 쉽고 짧은 글을 읽고 줄거리나 목적 등 중심 내용을 파악할 수 있다."와도 관련된다.

교과서에서는 RT보다 역할 놀이(role play)가 훨씬 빈번하게 활용되고 있다. 역할 놀이는 음성 언어가 주가 되는 활동이고 RT는 대본을 읽는 문자 언어 활동이기 때문에, 음성 언어가 주가 되는 초등학교 영어에서는 역할 놀이가 더 많이 활용되고 있는 것이다. RT는 글 수준의 읽기를 요구하므로, 5~6학년군 일부 교과서에서 찾아볼 수 있다. 예시 1에서는 'Maria's Guitar' 이야기를 읽은 후, 이를 바탕으로 대본을 완성하고 실감나게 읽어보는 활동을 제시하고 있으며, 안내 자료로 e-교과서에 오디오 자료도 제시하고 있다. 예시 2에서는 읽은 이야기를 바탕으로 대화를 완성하는 활동을 제시하고 있다. 역할을 나누어 실감나게 읽어보는 활동은 제시되어 있지 않지만, 보람이의 감정과 이유를 나타내는 문장을 찾아 밑줄을 긋고, 이를 대화의 형식으로 요약하도록 하였기 때문에 이를 읽기 대본으로 활용할 수 있다.

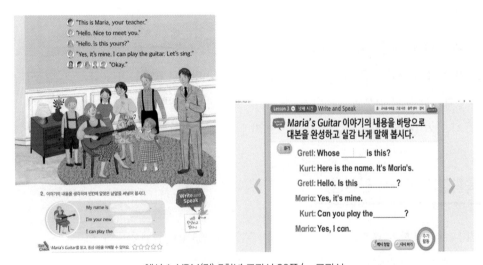

예시 1. YBM(김) 5학년 교과서 39쪽/e-교과서

예시 2. 대교 6학년 교과서 165쪽

지도 방법 및 활동 유형

Kuhn(2003)은 RT를 두 가지 유형으로 분류하였다. 첫째는 학생들에게 대본을 제공하고 이를 연습하도록 하는 것이고, 둘째는 학생들이 이야기나 텍스트의 일부분을 스스로 대본으로 써 보도록 한 다음 연습하는 것이다. 영어과 교육과정에서는 5~6학년군에서도 예시문을 활용한 글쓰기 수준에 그치고 있기 때문에, 초등학교 학습자들이 대본을 직접 써 보는 활동은 다소 어려울 수 있다. 따라서 학생들에게 친숙한 이야기를 활용하여 구성한 대본을 제공하고, 이를 연습하여 공연해 보도록 하는 것이 적절하다.

RT를 위해서는 먼저 대본을 구성하는 것이 필요하다. 대본은 동화(fairy tale)나 민담(folk tale)을 바탕으로 한 그림책(picture book), 챕터북(chapter book), 시(poetry) 등 다양한 종류의 텍스트를 활용하여 구성할 수 있으며, 처음 RT를 시도하는 경우에는 이미 구성된 대본을 단순하고 쉽게 변형하여 사용하는 것이 좋다.

> 우리에게 친숙한 이야기를 바탕으로 구성된 RT 대본은 웹사이트에서 다운로드해서 사용할 수 있다.
> www.thebestclass.org/rtscripts.html
> www.aaronshep.com/rt/
> www.readertheatre.ecsd.net/collection.htm
> www.readinglady.com

대본 선정이 이루어진 후에는 본격적인 RT 지도가 이루어지는데, 구체적인 지도 방법 및 절차는 다음과 같다(Worthy & Prater, 2002; Young & Rasinski, 2009).

1) 의미 이해에 중점을 둔 대본 읽기

시각자료를 활용하여 의미를 추측하거나 주요 단어의 의미를 파악한다. 등장인물의 대사에 나타난 사실적 정보와 인물의 감정 및 태도를 알아본다.

2) 역할 분담하기

공연 준비를 위해 모둠을 구성하고, 모둠 내에서 등장인물과 해설자(narrator)의 역할을 분담한다.

3) 대본 연습하기

대본에서 각자 자신이 맡은 역할의 대사에 밑줄을 긋거나 하이라이트를 한 다음 역할을 나누어 대본을 읽어보는 연습을 한다. 이 때 학생들의 읽기 능력에 편차가 있을 수 있으므로 읽기에 자신감이 부족한 학생들도 도움을 받을 수 있도록 모둠원이 다 같이 읽어보는 합창독(choral reading), 짝과 함께 읽기(partner reading), 개별 묵독(individual silent reading)과 소리내어 읽기(oral reading) 등 다양한 방식으로 읽어 보도록 한다.

4) 공연 연습을 통해 느낌을 살려 읽어보기

대본 연습을 통해 정확하고 빠르게 읽을 수 있게 되면 공연 연습(rehearsal)을 통해 강세, 리듬, 억양을 살려 실감나게 읽는 것에 집중하도록 한다. 이 때 교사가 운율을 살려 읽기(prosodic reading)의 시범을 보여 주는 것도 좋다.

5) 공연하기

모둠별로 순서를 정해 RT 공연을 한다. 이 때 대본을 들고 나와서 보고 읽는 방식으로 진행하며, 분장이나 의상은 필요하지 않으나 공연 느낌을 살리기 위해 사용하는 것도 가능하다. 그리고 학생 참여 및 흥미도를 높이고 동기를 부여하기 위해서는 모둠별 상호 평가를 하여 최고 낭독상을 수여하는 것도 효과적이다.

지도상 유의점

- 학생들에게 친숙한 이야기를 바탕으로 대본을 구성할 때, 교육과정에 제시된 초등학교 권장 어휘와 언어 형식을 참고하여 난이도를 조정할 수 있다.
- 학생들끼리 대본을 연습하기 전에 교사가 먼저 모범독을 한다. 모범독을 듣지 않고 학생들끼리 읽게 되면 자칫 잘못된 읽기를 모방할 수 있기 때문이다.
- 모둠 내에서 역할을 나누어 읽을 때 잘 읽지 못하는 학생을 친구들이 서로 도와줄 수 있도록 지도한다.

2 # Model Lesson

학습목표:	읽기 연극 활동을 통해 쉽고 짧은 이야기의 대본을 유창하게 읽을 수 있다.
대상학년:	5~6학년군
읽기자료:	The Three Little Pigs
준비물:	대본, 배경 PPT 슬라이드(straw house, stick house, brick house)
학습조직:	소집단(6명 한 조)

> 소집단 크기는 이야기의 등장인물 수에 따라 달리 구성할 수 있어요.

> 학생들이 한글로 읽어본 적이 있는 친숙하고 잘 알려진 이야기를 활용하면 의미 이해가 용이하므로 읽기 연습에 집중할 수 있어요.

T: Today, we'll do a reading activity with the story 'The Three Little Pigs.' Do you know this story?

Ss: Yeah.

T: Who's in the story? Can anyone tell me?

S1: Three little pigs.

T: Right, there are three little pigs in the story. (등장 인물인 아기돼지 삼형제 그림을 보여주며) First Little Pig, Second Little Pig, and Third Little Pig. Who else is in the story?

S2: Wolf.

T: Yes. The Big Bad Wolf is in the story, too. And we have one more character. That is…

S3: Mother Pig.

T: Yes, you're right. There is Mother Pig. Now, I'll divide you into groups of 6.

Ss: (6명씩 한 모둠을 구성한다.)

T: Now, take this worksheet, everyone. Do you all have the worksheet?

Ss: Yes.

> 대본을 읽는 데 어려움을 가진 학생이나 자신감이 부족한 학생들을 위해 역할을 정하기 전에 먼저 합창독(choral reading)을 실시하는 것도 좋아요.

T: Very good. In your worksheet, you will find a script from the story "The Three Little Pigs." First, you will practice the script as a group. Please read aloud the script together. Okay?

Ss: (대본을 함께 소리 내어 읽는다.)

T: Good job, everyone. Can you read all the words in the script? (대본의 문장을 가리키며) Can you read this sentence? What does it say?

RT 연습에서는 읽기 유창성 요소 중 정확하게 읽기에 먼저 초점을 둬요.

Ss: Down the road the Second Little Pig found some…

T: Some sticks. Everyone, repeat after me. 'Sticks.'

Ss: Sticks.

T: Excellent. This time, we will try to read the script a bit faster. Can you do it?

반복 읽기를 통해 빠르고 자신 있게 읽을 수 있도록 하면, 유창성의 주요 요소인 읽기 속도를 향상시킬 수 있어요.

Ss: (대본을 좀 더 빠르게 소리 내어 읽어본다.)

T: You guys did a great job. Now, you're going to choose your role in the script. How many roles in the script?

Ss: Six roles.

T: Yes, there are six roles: the Narrator, Mother Pig, First Little Pig, Second Little Pig, Third Little Pig, and the Big Bad Wolf. All the members in each group will take on a role, okay?

Ss: Okay. (모둠원들과 역할을 정한다.)

T: Are you guys done? Let me check your roles. Mother Pigs, put up your hands…(중략)…Big Bad Wolves, put up your hands.

Ss: (자신의 역할에 맞게 손을 든다.)

T: Now, I want you to mark your parts in the script. Underline or highlight your parts.

Ss: (자신이 맡은 역할의 대사를 표시한다.)

T: All right. Looks like everybody's done. Now, you're going to practice reading the script with expression. Try to read your parts as your characters. If you are First Little Pig, read your parts like the real First Little Pig. Ready?

Ss: (역할을 나누어 읽는 연습을 한다.)

T: Listen to me, everyone. Every group is doing a great job. Let's see if you can read as the characters. I have a few sentences on the screen. Look at the first sentence. Let's read it together.

Ss: Little pig, little pig, let me come in!

T: Very good. Who said it?

Ss: Big Bad Wolf.

T: Right. Should you read it with a loud voice or a soft voice?

Ss: Soft voice.

T: Yes, you should use your soft voice here. Read the sentence after me. "Little pig, little pig, let me come in."

Ss: (소곤소곤 부드러운 목소리로) Little pig, little pig, let me come in!

T: Excellent, everyone! Look at the next sentence. Can you read it?

Ss: Then I'll huff, and I'll puff, and I'll blow your house in!

적절한 표현과 함께 읽는 것은 의미 이해도 수반하는 것으로서, 대사의 의미에 맞게 적절한 강세, 억양, 음조로 읽는 것을 말해요.

T: You read it well. Do you read it with angry voice or happy voice?

Ss: Angry voice.

T: Good. You have to read it with angry voice. Let's read it again with angry voice.

Ss: Then I'll huff, and I'll puff, and I'll blow your house in!

T: Great job! Practice reading the script aloud with your group members some more. Try to read your parts as the characters. Later, you will show your performance in front of the class, and we will choose the best reader.

Readers Theatre Script

Story:	The Three Little Pigs
Characters:	Narrator, Mother Pig, First Little Pig, Second Little Pig, Third Little Pig, Big Bad Wolf
Settings:	Straw House, Stick House, Brick House

Narrator: Once upon a time, there lived three little pigs. One day it was time for the three little pigs to go out into the wide, wide world!

Mother Pig: Look out for the Big Bad Wolf!

Narrator: The first little pig found some straw.

First Little Pig: I'll build a house of straw. I can build it fast!

Narrator: The first little pig built the house quickly and went inside for lunch. Meanwhile, down the road the second little pig found some sticks.

Second Little Pig: I'll build a house of sticks. This is stronger than straw, and I can build it fast!

Narrator: The second little pig built the house quickly and went inside for lunch. Meanwhile, down the road the third little pig found some bricks.

Third Little Pig: Oh good, bricks! I'll build a house of bricks. It will be strong and safe!

Narrator: Soon the Big Bad Wolf went to the house of straw. He was hungry!

Big Bad Wolf: Little pig, little pig, let me come in!

First Little Pig: No! Not by the hair of my chinny-chin-chin!

Big Bad Wolf: Then I'll huff, and I'll puff, and I'll blow your house in!

Narrator: The wolf huffed and puffed, and he blew the house down! The little pig ran to his brother's house. The wolf ran after him.

(중략)

Big Bad Wolf: Little pigs, little pigs, let me come in!

Third Little Pig: No! Not by the hair of my chinny-chin-chin!

Big Bad Wolf: Then I'll huff, and I'll puff, and I'll blow your house in!

Narrator: The Big Bad Wolf huffed and puffed, but he could not blow the house down.

Big Bad Wolf: I will come down the chimney to eat you!

All Three Little Pigs: Please do! We have a surprise for you!

(하략)

(출처: https://www.teacherspayteachers.com/Product/Readers-Theater-Script-of-The-Three-Little-Pigs-1st-Grade-211028

③ Task

• Task 1. 아래에 제시된 'Cinderella'이야기의 일부 또는 초등학생들에게 친숙한 이야기를
활용하여 RT 대본을 구성해 보세요.

대상학년:	5~6학년군

〈Scene #1〉

At the ball, Prince Charming couldn't take his eyes off Cinderella.

The orchestra played, and the Prince began to dance with the wonderful girl whose name he still didn't know. For Cinderella, the night was a dream come true.

Before too long, the clock began to strike midnight.

"Good-bye!" Cinderella said, hurrying away.

"Come back!" called the Prince.

"I don't even know your name!"

As Cinderella fled, one of her glass slippers came off.

〈Scene #2〉

The Prince sent the Grand Duke to find the girl who can fit the glass slipper.

Lady Tremaine locked Cinderella in the attic, but Cinderella's mouse friends freed her.

Then Lady Tremaine tripped the Grand Duke, and the glass slipper shattered . . . but Cinderella had the other in her pocket. And it fit!

〈출처: https://princess.disney.com/cinderellas-story〉

〈Readers Theatre Script〉

• Task 2. Task 1에서 작성한 대본을 활용하거나 아래의 대본을 활용하여 읽기 유창성 요소
  중에서 느낌을 살려 대본을 읽도록 지도하는 장면의 교실 담화를 구성해 보세요.

대상학년:	5~6학년군

〈Sample script〉

Roles: Narrator, Cinderella, Stepmother, Stepsister 1, Stepsister 2

Narrator: Once upon a time, there lived a beautiful girl named Cinderella. She lived with her evil stepmother and her two mean stepsisters. She had to do all the chores in the house.

Stepmother: Cinderella, have you finished sweeping the floor?

Cinderella: Almost.

Stepsister 1: Have you washed my dress?

Cinderella: I'll do it soon.

Stepsister 1: Hurry. I can't wait any more.

Stepsister 2: Have you cleaned my room?

Cinderella: I'm sorry. I'll do it soon.

Narrator: Cinderella was very tired from all her chores, but she was still very nice. One day an invitation came in the mail. It was from the king. He invited everybody in the kingdom to come to a dance party. He wanted to find a wife for his son, Prince Charming.

4   Classroom English

Categories	Teacher Talk
Choosing roles and scripts	• Talk with your group members and choose a script. • Take on/choose a role in the script. • Who wants to be the narrator?
Writing scripts	• Read the story again and complete the dialogue. • Read the story again and choose a scene you like. Then, make a dialogue for it. • Make your own dialogue from the story.
Reading aloud	• Practice reading the script aloud. • Read the words and sentences in the script correctly. • Read aloud the script as a group first. • Read the script in pairs/with your partner. • Take turns reading aloud the sentences. • Underline or highlight your parts and practice reading them aloud.
Reading with expression	• Try to read your parts like your character. • Read your parts in a loud/soft voice. • Read your parts in an angry/kind voice. • Read the sentence with rising/falling intonation like this. • In this sentence, the word 'never' is stressed.

11장 과정 중심 쓰기
(Process-based Writing)

 1 이론적 배경

정의

과정 중심 쓰기(process-based writing)는 글을 쓰는 과정에 주목하여 쓰기 내용과 형식을 발전시켜 나가는 글쓰기 방식이다. 과정 중심 쓰기에서 과정이란 글을 쓰기 전에 글의 주제에 대해 생각하고, 이를 간략하게 구성한 후 초고를 작성하고, 다시 수정을 거치는 일련의 절차이다(Suh, 2003; White & Arndt, 1991). 이는 글쓰기의 결과 자체에 주목하여 최종적으로 완성된 글을 중요시하는 결과 중심 글쓰기(product-based writing)와 대비된다. 과정 중심 쓰기는 인지주의적 쓰기 이론으로, 글을 쓰는 과정에 개입하여 적극적인 교육적 처치를 가함으로써 결과를 개선시키는 것이다. 예를 들어 계획하기 과정에서 브레인스토밍을 하게 함으로써 쓰기의 내용을 발전시키고, 수정 단계를 통해 글의 정확성을 높인다.

필요성

과정 중심 쓰기는 학습자의 쓰기 결과물 및 쓰기 능력을 향상시키는 데 효과적이다. 과정 중심 글쓰기는 글쓰기 과정을 거치면서 문법적 정확성, 구성 및 내용의 일관성, 유창성 등을 보완하여 글의 내용과 형식 측면에서 완성도를 한층 높이게 된다. 또한 초고에 대한 자기 교정 및 동료 평가를 하는 과정을 거치면서 학생들의 언어 능력, 자신감, 자기 주도적인 학습능력이 향상된다. 초등영어 학습자들은 언어적 지식이나 배경지식이 부족하여 4가지 언어 기능 중에서 쓰기를 가장 어려워하는 경향이 있으므로, 과정 중심 쓰기를 통해 교사가 다양한 스캐폴딩(scaffolding)을 제공할 수 있다. 가령, 쓰기 전 활동의 아이디어 생성하기를 통해 주제에 대한 친숙도를 높이고 이 과정에서 어휘를 소개하며 예시문을 제공하여 쓰기에 대한 스캐폴딩을 제공하게 된다.

교육과정 및 교과서 관련성

과정 중심 글쓰기와 관련된 성취기준은 크게 두 가지이다. "[6영04-02] 알파벳 대소문자와 문장부호를 문장에서 바르게 사용할 수 있다."는 편집(editing) 단계에서 문장부호, 맞춤법 등이 맞는지 확인하는 것과 연관되어 있다. "[6영04-05] 예시문을 참고하여 간단한 초대, 감사, 축하 등의 글을 쓸 수 있다."는 쓰기 전 단계에서 초대, 감사, 축하 관련 예시문을 살펴보고, 쓰기 단계에서 글을 써보는 과정으로 간주할 수 있다.

교육과정에서는 쓰기의 과정과 쓰기 전·중·후 활동에 대해서도 안내하고 있다. 5~6학년군 쓰기 '교수학습 방법 및 유의사항'에서 "학습자가 쓰기의 과정을 충분히 즐길 수 있도록 계획 단계, 쓰기 단계, 수정 단계 혹은 쓰기 전 활동, 쓰기 중 활동, 쓰기 후 활동으로 구성하여 단계적으로 지도할 수 있다."고 하고 있다(교육부, 2015, p. 30). 쓰기의 과정을 계획 단계, 쓰기 단계, 수정 단계로 제시하고 있는데, 수정 단계의 경우는 위에서 제시한 과정 중심 글쓰기의 수정하기, 편집하기 단계를 포함하고 있다. 쓰기 과정의 수정단계에 대해서도 '교수 학습 방법 및 유의사항'에서 "교사의 교정 및 학습자 상호간의 교정을 통해 알파벳 대소문자와 문장 부호 등 영어 표기법을 이해하고 바르게 쓸 수 있도록 지도할 수 있다."고 구체적으로 언급하고 있다(교육부, 2015, p. 30). 교사와 동료 교정은 영어 표기법에 한하여 언급되고 있지만, 학습자들의 수준 등 교수학습 맥락을 고려하여 글쓰기의 내용이나 다른 형식적인 측면도 다룰 수 있을 것이다.

과정 중심 글쓰기 관련 성취기준에 연관된 교과서 활동은 다음 예시 1에서 살펴볼 수 있다. 이는 "[6영04-05] 예시문을 참고하여 간단한 초대, 감사, 축하 등의 글을 쓸 수 있다."라는 성취기준과 관련된 것으로 자신의 생일 파티에 친구들을 초대하기 위한 글쓰기이다. 과정 중심 쓰기와 관련한 지도 절차를 살펴보면 다음과 같다: (1) 초대장 예시문을 보고 내용을 이해한다. (2) 자신의 생일 파티를 계획한다. (3) 생일 파티에 초대하는 글을 쓴다. 초고 작성 후 내용 수정 및 편집을 한다. (4) 초대장에 글을 옮겨 쓰고 꾸민다. (5) 자신의 생일 파티에 친구들을 초대하는 대화를 한다. (6) 자신 혹은 친구들의 쓰기 활동에 대해 평가한다. 이 중 (2)는 과정 중심 쓰기의 계획하기, (3)은 초고쓰기와 수정, 편집하기, (4)는 출판하기에 해당한다.

예시 1. 동아 6학년 교과서 74~75쪽

지도 방법 및 활동 유형

쓰기 과정의 단계에는 다양한 견해가 있지만(Brown & Lee, 2015; Calkins, 1994; Cooper, 1993; Linse, 2006), 크게 쓰기 전, 초고, 수정, 편집, 출판 단계로 볼 수 있다.

1. 쓰기 전(pre-writing) 단계는 본격적으로 글을 쓰기 전에 아이디어를 끌어내고(find and build on your idea), 쓸 내용을 개괄적으로 계획하는(plan and structure) 것이다.

2. 초고(drafting) 단계는 필자의 의도에 맞게 글을 써 내려가는 것이다. 초고이므로 정확성보다는 유창성에 초점을 맞추어 글을 쓰는 것이 좋다. 쓰기 전 계획 단계에서 정리한 개요를 참고하여 생각나는 대로 글을 써 내려간다.

3. 수정(revising) 단계는 교사나 동료의 교정 피드백을 받아 내용을 수정하는 것인데, 이때 내용을 추가, 재배열, 삭제, 대체할 수 있다.

4. 편집(editing) 단계는 글을 다듬어서 완성도를 높이는 단계이다. 문장부호, 맞춤법, 어법 등이 맞는지 검토하여 편집한다.

5. 출판(publishing) 단계는 최종적으로 글쓰기 산출물을 제시하고 공유하는 것을 의미한다. 컴퓨터를 활용해 작성하고 출력하여 제시할 수도 있고, 글과 함께 그림을 그려 제시할 수도 있다. 출력물을 보여주며 발표할 수도 있고, 최종 산출물을 전시할 수도 있다. 또한 온라인 글쓰기 게시판에 게시하여 공유할 수도 있다.

다음은 Linse(2006)의 쓰기 과정의 단계(steps of the writing process)를 보여준다.

Prewrite

In this important first step, children are given an opportunity to prepare to write and to collect their thoughts and ideas. If done properly, it can ease children into writing without any hesitation or worry.

Write

Children write down all of their ideas. They do not worry about form or correctness or even the order. The objective is to get the ideas on paper as quickly as possible.

Revise

The initial piece of writing is examined and reworked so that the ideas are logical and flow together.

Edit

Learners (with the help of their teachers, caregivers, or classmates) proofread their work to make sure that there are not any content errors or grammatical or spelling errors.

Publish

The writing piece is rewritten in a published or presentable form, in a student-made book, on special paper, and/or on a computer so that it can be displayed or shared.

(Linse, 2006, p. 102)

과정 중심 글쓰기를 활용하여 다음과 같은 활동을 시도해 볼 수 있다. 글쓰기 주제와 표현 등

은 단원의 학습목표와 의사소통기능과 관련된 것으로 선정하도록 한다. 쓰기 전, 초고, 수정, 편집, 출판 단계별로 쓰기 과정을 거치도록 한다.

1) 쓰기 전 활동 지도

- 브레인스토밍을 통해 글의 주제와 관련해 자유롭게 창조적인 아이디어를 끌어낼 수 있다. 브레인스토밍을 통해 끌어낸 아이디어를 정리하여 쓰고자 하는 내용의 개요(outlining)를 작성하며 글쓰기 계획을 세울 수 있다.
- 마인드맵(mind map)을 활용하면 아이디어를 끌어내고 구조화하는 것을 동시에 진행할 수도 있다.

2) 초고쓰기

- 협력적 글쓰기(collaborative writing)는 학생들이 혼자서 쓰는 것을 어려워하거나 함께 글을 쓸 경우 보다 효과적인 상황에서 활용하면 좋은 활동이다. 이 활동에서는 소그룹 내에서 역할을 분담하여 특정 주제에 대해 조사하고 정리하여 글을 쓰고 발표하는 과정을 거친다.

3) 수정 및 편집하기

- 맞춤법과 문법은 사전을 이용하거나 워드프로세서의 '맞춤법 및 문법 검사'를 활용할 수도 있고, 교사나 동료 혹은 자기교정을 통해 다듬을 수 있다. 학생들이 맞춤법이나 대소문자 사용에 친숙하지 않은 경우에는, 쉼표, 마침표, 물음표, 느낌표, 따옴표 등의 기본적인 문장부호와 대소문자 사용방법 등을 구체적인 사례를 중심으로 지도한다.
- 글쓰기 상담(writing conference)
  학생별로 글쓰는 과정에서 겪는 어려움이 다를 수 있다. 교사와 학생 간 1:1 상담을 통해 각 학생들의 글쓰기 과정을 함께 살펴보고 어려워하는 부분을 개선할 수 있는 방법을 모색해 보는 것도 좋을 것이다.

4) 출판하기

- 카드나 명함 만들기(making a card or a name card)는 5~6학년 성취기준에 제시되어 있는 초대, 감사, 축하, 자기 소개, 격려 등의 글을 써보는 활동이다. 카드로 만들

어 볼 수도 있고, 자기 소개의 경우는 미래의 자신을 생각하며 명함을 만들어 볼 수도 있다.

- 미니북 만들기(making a mini book)는 방학이나 주말에 할 일을 계획하는 글에서 활용할 수 있다. 또한 과거에 있었던 일을 기록하고 알리는 글도 쓸 수 있다. 특정 인물, 동식물, 사물 등을 소개하고 정리하는 글을 쓸 수도 있다.

지도상 유의점

- 과정 중심 쓰기는 정해진 단계를 기계적으로 따르기보다는 학습자의 수준과 교수학습 맥락에 따라 융통성 있게 적용할 수 있다. 예를 들어 출판하기는 글에 따라 생략할 수도 있다.
- 글쓰기도 의사소통행위의 일부이므로 학습자들의 실생활과 관련이 있고 목적이 있는 활동이 되도록 구성한다.

2 Model Lesson

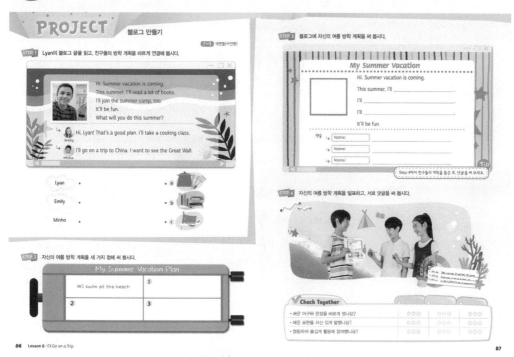

동아 6학년 교과서 86~87쪽

학습목표:	방학 계획에 대한 글을 읽고 이해하고 쓸 수 있다.
대상학년:	5~6학년
의사소통기능:	A: What will you do this summer?
	B: I will swim at the beach.
준비물:	PPT 슬라이드
학습조직:	개인, 소집단

T: Hello, everyone. Summer vacation is coming soon. Do you have

any plans for the summer?

Ss: Yes.

T: What will you do during the summer vacation?

Ss: I'll swim/study/go to the beach…

T: You'll swim, study, go to the beach. Sounds wonderful. I'll go on a trip.

Ss: Wow, where to?

T: I'll go to Gangwon-do. I'll go to the beach there.

Ss: Good!

T: Yes, it'll be fun. So today, we will make plans for our summer. You'll make a mini book about your plans. Are you excited?

Ss: Yes.

학생들이 만들어낼 쓰기 산출물의 샘플을 미리 보여주는 것이 좋아요. 여름방학 계획이라는 글쓰기 유형과 사용되는 언어 형식 등에 대해 잘 알 수 있게 되어 영어 글쓰기에 보다 쉽게 접근할 수 있어요. 특히 교사나 친구들 혹은 유명인의 글은 학생들의 관심을 끌기에 좋아요.

T: Great. Before you begin, I'd like to share my summer plan. Here is a mini book for my summer plan.

(미니북을 읽어준다.)

Hi, students.

Summer vacation is coming.

This summer I'll go to Gangwon-do.

I'll meet my friends.

I'll go to the beach and swim there.

I'll go hiking, too.

It'll be fun.

What will you do this summer?

T: Do you think I will enjoy my summer?

Ss: Yes.

과정중심 쓰기 단계를 알려주고 이에 따라 단계별로 글쓰기를 진행해요.

T: Now you're going to make your own summer plans. When you write, follow these steps: Plan, write, get feedback, revise, and publish. So what do you have to do first?

S1: I'll think about my summer.

T: Great. You will think about what you're going to do for this summer. Please look at the worksheet I gave you. (학습지에는 중

간에 summer라고 적혀 있고 실선으로 연결된 빈 동그라미들이 있다.) Does everyone have a worksheet?

Ss: Yes.

T: Please write down any ideas about your summer plan in the circles. What do you want to do this summer?

S2: I'll go to Jeju-do.

T: Wonderful. Do you have any other plans?

S2: I'll read books.

T: Good! Write down all the ideas on your worksheet. ●················

Ss: (학습지에 여름방학에 하고 싶은 일을 생각나는 대로 써 본다.)

T: Are you done? Now let's decide which plan you're going to write about.

Ss: (학습지에서 쓰고 싶은 여름방학 계획을 선택한다.) ●················

T: Great. Then think more about your plans. For example, if you're going to Jeju-do, you can ask yourself these questions: What activities would you like to do there? Where would you like to go? What would you like to eat? Write your answers in your worksheet.

Ss: (학습지에 세부적인 계획을 써 본다.)

T: Are you finished? Write your summer plans on your worksheet. Use my summer plan as an example.

Ss: (학습지에 여름방학 계획에 대해 쓴다.)

T: It looks like you're done. Now it's time for feedback. Please share your writing with your partner. Use the checklist and give your feedback. Please check the content first and then grammar, spelling, and punctuation. Now start!

Ss: (학생들이 친구와 피드백을 주고 받는다.)

T: Are you done? Did you all get feedback from your partners? Was it helpful? Can anyone share the feedback they got?

> 브레인스토밍을 통해 아이디어를 모으고 이를 써보게 해요.

> 브레인스토밍을 통해 모은 아이디어 중에서 글로 쓸 내용을 선정해요. 이는 주제 선정을 하는 단계로, 쓰기 전 단계예요.

> 동료교정을 처음 접하는 학생들은 어떻게 해야 할지 잘 모를 수 있으므로, 사전에 동료교정의 필요성을 생각해보게 하고 체크리스트와 교정 방법 등을 사례와 함께 제시해주는 것이 필요해요.

S3: 제가 I'll go to Jeonju 라고 썼는데, 친구가 누구랑 같이 갈 것인지 써
　　보면 좋겠다고 했어요.

S4: 제가 I go to the concert라고 쓰니까, 친구가 계획이니까 I will go to
　　the concert가 좋겠다고 했어요.

친구의 피드백을 바탕으로 글을
수정(revise)하고 편집(edit)하
는 단계예요.

S5: 제가 마침표를 빼먹었는데 친구가 찍어야 한다고 했어요.

T: Good feedback you got! Next time you'll revise your writing.
　　Then you'll make a mini book about your summer plan.

여름방학 계획에 계획을 쓴 글
로 미니북을 만드는 것으로, 출
판(publish)하는 단계예요.

③ Task

• 친구를 생일 파티에 초대하는 글을 쓰고 발표하는 과정 글쓰기의 수업 장면을 쓰기 전 활동에 초점을 두어 구성해 보세요.

대상학년:	5~6학년
의사소통기능:	A: Can you come to my birthday party?
	B: Sure, I can.
	A: When is it?
	B: It's June 27th.

쓰기 전 활동

주말에 무엇을 할 것인지 생각나는 아이디어를 써 보세요.

생각한 아이디어 중에서 가장 하고 싶은 주제를 골라 하고 싶은 일을 간단히 적어보세요.

 **Classroom English**

Categories	Teacher Talk
Guiding writing steps	• Go through the process of writing. • There are five steps: Plan, write, get feedback, revise, and publish.
Making an outline	• Brainstorm ideas about your summer plans. • Then decide which plan to take or not. • Make a final plan for the summer.
Writing a draft	• Write a draft. • Remember you will revise your writing, so just write freely.
Revising	• Hand over your writing to the group member sitting to your right. • Give your feedback for your friend's writing. • When you give your feedback, focus on the content first and then grammar and others. • Please use the checklist about giving feedback, • Revise your writing based on the feedback you get.
Editing	• Edit the writing focusing on grammar, spelling, and punctuation. • Use a period at the end of a sentence. • Write a question mark at the end of a question.
Publishing	• Make a presentation about your plans in your group. • Check if you followed the writing steps and got some help through the process. • We will post our writing at the back of the classroom/on our blog.

12장 딕토글로스
(Dictogloss)

1 이론적 배경

정의

Wajnryb(1990)가 제안한 딕토글로스(dictogloss)는 받아쓰기의 한 변형으로, 문단 이상의 글을 들으며 간단히 메모한 것을 바탕으로 모둠 구성원들과 함께 원문을 재구성하는 활동이다. 구두 입력을 듣고 받아 적는다는 점에서 받아쓰기와 공통점이 있지만, 기존의 받아쓰기가 들으면서 쓰는 활동을 개인별로 진행한다면 딕토글로스는 들은 내용을 모둠원들이 함께 재구성한다는 점에서 차이가 있다. 모둠원들이 함께 텍스트를 재구성하는 과정에서 학습자들은 들은 내용과 언어에 대해 보다 깊이 이해하게 되고, 여러 언어 기능을 통합적으로 학습하게 된다.

필요성

딕토글로스는 의미에 중심을 두되, 언어의 형태에 집중하게 하는 형태초점접근법(☞ 14장 문법 참조) 에 근거한 활동이다. 언어의 형태는 초등학교에서 명시적으로 지도되지는 않지만 언어를 정확히 이해하고 표현하기 위해서는 간과할 수 없는 부분이다. 딕토글로스는 학생들이 듣기 자료를 몇 차례 들은 후, 서로 협력하여 들은 내용을 재구성하는 활동인데, 들은 내용을 잘 이해하기 위해서는 의미적 단서뿐만 아니라 문법적 단서를 활용하게 된다. 예를 들어, "I want to be a teacher."라는 문장을 들었을 때, 학생들은 내용어인 명사 'teacher'를 기능어인 관사 'a'보다 더 잘 듣게 될 것이다. 하지만 "I want to be a teacher."라는 문장을 재구성하기 위해서는 잘 들리

지 않지만 문법적 역할을 하는 관사 'a'에 대해서도 논의를 하게 될 것이고, 그런 과정을 통해서 학생들이 간과했던 언어 형태를 인식하게 될 것이다. 이렇듯 딕토글로스를 통해 학생들은 자신의 모둠이 재구성한 글과 원본을 비교해 봄으로써 일반적인 철자 오류뿐만 아니라 간과했던 언어 형태를 인식하게 될 것이다.

딕토글로스를 통해 학생들은 언어의 네 가지 기능을 종합적으로 학습할 수 있는데, 듣고 쓰는 활동에서 듣기와 쓰기 능력이, 재구성한 텍스트를 비교 검토하는 과정에서 읽기 능력이 향상될 것이다. 또한 딕토글로스 텍스트를 교사가 아닌 학생이 직접 읽도록 구성할 경우, 학생들의 발음 및 말하기 능력까지도 향상시킬 수 있다. 뿐만 아니라 교사 입장에서도 딕토글로스는 사전준비가 많이 필요하지 않은 활동이며 듣기 텍스트를 학생의 수준에 맞게 각색하거나, 텍스트 재구성에 도움이 되는 그림 자료를 제공하는 등 활동의 난이도를 달리하는 수준별 활동이 가능하므로 활용도가 높다.

교육과정 및 교과서 관련성

딕토글로스는 여러 언어 기능이 통합된 활동으로 다음과 같은 5~6학년군 듣기 및 쓰기 성취기준과 관련된다.

〈표 1〉 딕토글로스 관련 교육과정 성취기준

언어 기능	성취기준
듣기	[6영01-02] 일상생활 속의 친숙한 주제에 관한 간단한 말이나 대화를 듣고 세부 정보를 파악할 수 있다.
	[6영01-05] 쉽고 간단한 말이나 대화를 듣고 줄거리를 파악할 수 있다.
	[6영01-07] 쉽고 간단한 말이나 대화를 듣고 일의 순서를 파악할 수 있다.
쓰기	[6영04-01] 소리와 철자의 관계를 바탕으로 쉽고 간단한 낱말이나 어구를 듣고 쓸 수 있다.
	[6영04-02] 알파벳 대소문자와 문장부호를 문장에서 바르게 사용할 수 있다.

(교육부, 2015, pp. 22-29)

딕토글로스는 말이나 대화를 듣고 쓰는 활동으로, 들으면서 세부 정보를 이해하고 전체적인 줄거리나 일의 순서를 파악해야 재구성이 가능하다. 또한 들은 것을 글자로 옮겨 써야 하기 때문에 소리와 철자의 관계를 바탕으로 쉽고 간단한 낱말이나 어구를 듣고 쓸 수 있는 능력이 필요하며, 문장을 썼을 때 문장부호를 바르게 사용할 줄 알아야 한다.

교과서에서 딕토글로스에 직접적으로 해당하는 활동은 찾아보기 어렵다. 다만 딕토글로스와 유사한 듣고 쓰기 활동은 예시 1과 같이 찾아 볼 수 있다. 예시 1은 듣고 문장을 쓴 다음, 그에 맞는 그림을 찾는 활동인데, 딕토글로스처럼 들은 것을 바탕으로 문장을 쓰거나 의미를 파악해야 한다는 점에서 그 유사점이 있다. 예시 2의 경우 듣고 쓰는 활동은 아니지만 딕토글로스와 유사한 면을 갖고 있다. 예시 2는 학생들이 보기에 제시된 낱말을 이용해서 두 인물에 관한 문장을 완성해 보는 쓰기 활동이다. 빈칸에 들어갈 낱말이 어떤 것인지 생각하거나 다른 학생들과 논의할 때 언어에 주목하게 된다는 측면에서, 듣고 쓰기 활동은 아니지만 딕토글로스와 유사한 측면이 있다. 그래서 이 활동을 약간 변형하면 딕토글로스를 시도해 볼 수 있다. 예를 들면 보기로 낱말을 제시하지 않고, 그림과 관련된 내용을 들은 후 학생들이 직접 관련 단어를 적고, 그렇게 적은 단어로 문장을 완성하게 할 수 있을 것이다.

A 잘 듣고, 문장을 완성하거나 쓴 다음 알맞은 그림에 번호를 써 봅시다.

① Don't forget to _____ the water.

② We can take _____ .

③ _____

④ _____

예시 1. 동아 6학년 교과서 155쪽

A 보기 에서 알맞은 낱말을 골라 두 인물에 관한 문장을 완성해 봅시다.

보기   writer   painted   wrote   pictures   artist   stories

① Shakespeare was a great _____.
He _____ great _____.

② Sin Saimdang was a great _____.
She _____ great _____.

예시 2. 동아 6학년 교과서 139쪽

지도 방법 및 활동 유형

Nation과 Newton(2009)은 표 2와 같이 딕토글로스의 지도 단계를 제시한다.

〈표 2〉 딕토글로스 지도 단계

Step	Students	Teacher
1. Preparation	Vocabulary study activities to prepare for the text. Discuss the topic (predict vocabulary and content, etc.). Move into groups.	
2. Listening for meaning	Listen to the whole text.	Reads the text at normal speed.
3. Listening and note-taking	Take notes for listing key words.	Reads again at normal speed.
4. Text reconstruction in groups	Work in groups to reconstruct an approximation of the text from notes (one learner acts as the writer).	Helps groups. Offers guidance.
5. Text comparison between groups	Compare group versions of the text. Pay attention to points of usage that emerge from the discussion.	Facilitates class comparison of versions from different groups (on OHT or board). Facilitates discussion and correction of errors.

(Nation & Newton, 2009, p. 68)

Nation과 Newton(2009)에 따르면 딕토글로스는 다섯 단계로 지도할 수 있다. 1) 텍스트를 들려 주기 전에 관련 배경지식이나 단어를 활성화시킨다. 2) 듣기 자료를 들려주고 의미에 초점을 맞춰서 듣도록 한다. 3) 자료를 다시 들려주며 학생들이 내용어 위주로 주요 어휘만 메모하면서 듣도록 지도한다. 4) 모둠별로 메모한 것을 바탕으로 들은 내용을 재구성한다. 5) 모둠별로 논의가 끝나면 다른 모둠이 재구성한 텍스트와 비교해 보게 한다.

위에 제시한 다섯 단계를 반드시 고정적으로 따라갈 필요는 없다. 특히 초등학교 학생들의 수준을 고려하여 절차를 변경하거나 각 단계에서 필요한 스캐폴딩을 제공해 주는 것이 좋다. 예를 들어, 학생들에게 듣기 자료를 들려주는 횟수를 늘리거나, 자료의 분량을 조절하거나, 속도를 늦추는 것도 가능하다. Nation과 Newton(2009)은 딕토글로스 활동에서 두 번째 듣기를 할 때 학생들이 메모할 수 있도록 허용하였지만, 이것 역시 들려주는 듣기 자료의 수준과 학생들의 수준을 고려하여 계획하는 것이 좋다. 만약 짧은 텍스트를 들려준다면 메모 없이 딕토글로스 활동을 할 수도 있을 것이다. 또한 마지막에 발견 단계를 추가하여 학생들이 원문과 자신들이 만들어 낸 문장을 서로 비교해봄으로써 텍스트 재구성 과정에서 드러난 오류를 파악하도록 할 수 있다.

딕토글로스는 한때 유행했던 '쟁반 노래방'과 방식이 유사하다. 쟁반 노래방은 5~6명으로 이루어진 패널이 어떤 노래를 들은 후 들은 노래의 가사를 기억해서 한 소절씩 부르는 프로그램이었다. 패널들이 노래를 한 소절씩 부르다가 가사를 틀리면 머리 위에 있는 쟁반이 내려와 맞게 되는 예능이었는데, 딕토글로스와 쟁반 노래방의 닮은 점은 이 두 활동 모두 들은 텍스트를 재구성한다는 점이다. 쟁반 노래방에서 패널들이 노래의 가사를 재구성할 때 여러 가지 단서를 활용하였는데, 다음은 2004년 9월 23일에 방송되었던 쟁반 노래방에 나왔던 대화의 일부를 재구성한 것이다.

(전략)

C: "모두들, 모두들, 모두들 싹이 났어요."

Y: 너무 공포스럽잖아요. "모두들, 모두들, 모두들 싹이 났어요."

K: 저는 '모두들'로 들은 것이 아니고 '뽀드득 뽀드득 싹이' 이렇게 들었어요.

C: '모두들' 아니에요?

K: 아니 그렇잖아요. 싹이 나면서 "모두들 모두들 싹이 났어요."는 좀 그렇잖아요.

(중략)

H: '하하하'는 아니야.

Y: 아니네요. '하하하, 호호호' (피디에게) 어디까지 맞았나요?

PD: '하'까지 맞습니다.

H: 그러니까 웃는 게 아니고

C: '하지만?'

H: 아, '하나둘, 셋넷다섯'

K: '하지만'이면 동요가 너무 절망적이잖아요. 씨를 뿌리고 물을 줬는데 하지만 꽃이 안 피어 이런 거잖아.

(후략)

위의 대화에서 볼 수 있듯이 패널들은 가사를 재구성하기 위해서 여러 가지 단서를 활용한다. 패널들이 '모두들'과 '뽀드득'이라는 단어 중 어떤 단어가 더 맞는가를 이야기할 때, 그 단어가 쓰이는 문장의 맥락을 이해하려고 노력하는 모습은 문맥적 단서를 활용하는 좋은 예이다. '하'라는 음가로 시작하는 단어를 알아내기 위해서 이 노래의 장르가 동요라는 단서를 활용하기도 한다. 이렇게 노래의 가사를 알아내려는 '쟁반 노래방'의 패널들처럼 딕토글로스 활동은 문맥적 단서, 의미적 단서, 통사적 단서 등 여러 단서들을 총 활용하여 텍스트를 재구성하게 된다. 이때 교사는 학생들이 한 가지 단서에만 의존하지 않고 여러 가지 단서를 종합적으로 활용하여 텍스트를 재구성할 수 있도록 도와주어야 할 것이다.

지도상의 유의점

- 딕토글로스를 실시하기에 앞서 학생들이 딕토글로스 활동 자체에 인지적으로 친숙해지도록 도움을 주는 것이 필요하다.
- 한 모둠 안에서 학생들 간에 영어 수준의 차이가 크다면 영어 실력이 뛰어난 학생이 논의를 장악할 수 있다. 따라서 이런 상황에서는 모둠원 각자 다른 역할을 수행하도록 하여 모든 구성원이 적극적으로 참여할 수 있도록 한다.

2 # Model Lesson

학습목표:	과거를 나타내는 말을 듣고 이해할 수 있다.
의사소통기능:	A lion was sleeping. The lion was in a net. He cried for help.
대상학년:	5~6학년군
학습조직:	전체(whole class instruction), 모둠(group activity)

T: Today we're going to listen to a story several times, and then you will write about it in your groups. I am going to read you a story. While you are listening, do not write anything down. Just listen. Okay?

딕토글로스를 할 때는 평상시와 똑같은 읽기 속도로 이야기를 읽어 주도록 해요.

Ss: Yes.

처음 듣기에서는 의미 파악에 중점을 두도록 지도해요.

T: Good. Here it goes. (이야기를 들려 준다.)

One day a lion was sleeping.

A mouse started playing on it.

The lion caught the mouse.

The mouse said, "Sorry," so the lion did not kill the mouse.

Another day the lion was caught in a net.

He cried for help.

The mouse came and cut the net with his teeth.

The lion said, "Thank you."

They became good friends.

텍스트를 재구성하면서 과거형에 유의할 수 있어요.

T: There are two animals in the story. Who are they?

Ss: A lion and a mouse.

T: What is the story about?

S1: 사자가 쥐를 구해주고 나중에 도움 받아서 친구가 되는 내용이에요.

T: Good. Can you remember any words from the story? What words do you remember?

S2: Lion and mouse.

S3: Sleeping.

S4: Net.

S5: Cry.

T: Did you hear 'cry' or 'cried'?

Ss: (머리를 갸우뚱거린다.)

T: Do you want to listen to the story one more time?

Ss: Yes, please.

T: This time, try to write down what you hear. Are you ready?

Ss: Yes.

T: (이야기를 한번 더 들려준다.)

Ss: (이야기를 들으면서 단어를 받아 적는다.)

메모는 학생들 수준에 맞게 다르게 적용할 수 있어요. 본 수업과 같이 듣고 난 후에 메모를 하게 할 수도 있고, (normal speed로)들으면서 메모하는 활동으로 활용할 수도 있어요.

T: Now you have some words in your notebook. Work with your group and use those words to write the story.

Ss: (학생들은 받아 쓴 단어를 이용해서 그룹별로 이야기를 구성한다.)

T: Good. How are things coming along? Shall I read the story one more time?

학생들에게 듣기 자료를 몇 번 들려줄 것인가는 학생의 수준을 고려해서 결정해요.

Ss: Yes, please.

T: Okay. I will read the story for the last time. (교사는 이야기를 마지막으로 한번 더 들려준다.)

Ss: (학생들은 모둠별로 들은 내용을 재구성하여 쓴다.)

T: (학생들이 재구성한 텍스트를 둘러본 후) Could you share your group's work with the other groups? Which group wants to show their work?

Ss: (모둠원과 의논해서 자원한다.)

T: Okay, group 1 and group 3. Thank you.

Now, we have two versions of texts. One is from group 1, and the other is from group 3. Shall we check to see which parts are different? •···

S6: In group 1, they used the word 'cry'.

S7: 그런데 3모둠에서는 'cried'라고 했어요.

T: Excellent! Which group wrote 'cry'? Raise your hands.

Ss: (cry라고 쓴 모둠은 손을 든다.)

T: Then, which group wrote 'cried'? Raise your hands.

Ss: (cried라고 쓴 모둠은 손을 든다.)

T: Which one is correct, cry or cried?

S8: 옛날 이야기니까 cried가 맞을 것 같아요.

T: Okay, here is the script of the story. Let's check which one is correct.

Ss: (학생들이 원본과 비교해 보며) 와, 'cried'다.

T: Yes, 'cried' is correct. Look at all the verbs in the story. Started, cried, and said. They are all past tense verbs.

Ss: Past tense?

T: Past tense means 과거형.

Ss: A-ha.

T: When you are confused about these two, cry or cried, you can get a clue from the other verbs in the story.

(두 모둠이 작성한 스토리에서 다른 부분을 더 찾아보고 원본과 비교해 본다.)

딕토글로스는 언어 형태의 정확성에 초점을 둔 활동이에요. 활동 이후 모둠별로 적은 것을 비교하게 함으로써 학생들의 철자 오류 및 문법적 형태 오류 등에 다시 한 번 논의하는 시간을 가질 수 있어요. 모둠별 점검 이후에는 원본과 학생들의 재구성 텍스트를 비교해 보게 함으로써 오류를 정확하게 점검해 볼 수 있는 시간을 갖도록 해요.

③ Task

- 다음의 조건에 맞추어 딕토글로스를 진행하는 수업 장면을 구성해 보세요.

대상학년:	5~6학년군
언어 형식:	I put my pencils <u>in</u> the pencil case.
조건:	• 전치사가 포함된 다음의 텍스트를 학생들에게 들려주기
	• 학생들이 모둠별로 텍스트를 재구성하는 딕토글로스 활동하기
	• 학생들이 전치사 사용에 유의하며 텍스트를 구성할 수 있도록 교사가 도움 주기

텍스트:

Today I cleaned my room.

I put away my books <u>on</u> the desk.

I put my pencils <u>in</u> the pencil case.

I also picked up my clothes <u>on</u> the floor and put them <u>in</u> the closet.

I am happy because my room is clean now.

4 Classroom English

딕토글로스를 지도할 때 활용할 수 있는 교사 발문이나 지시문을 정리하면 수업에서 유용하게 활용할 수 있다.

Categories	Teacher Talk
Listening to script	• I am going to tell you a story. • I will read the text at normal speed. • Shall I read it one more time? • Let me get everyone's attention. • Do not write anything down while you are listening. • Pens down while you are listening. • Take notes while you are listening.
Group activity	• Work in groups to write/reconstruct the text. • Compare your writing with other groups. • I want you to work in groups. • I see most groups are finished.
Reconstructing	• That's a good guess. • Who remembers the next part? • How's it going here? • Is that confusing? • What's missing in that sentence? • That should be one word. • What should we write? • What is the word that is used there?

13장 │ 어휘
(Vocabulary)

① 이론적 배경

정의

어휘를 안다는 것은 어휘의 형태(form), 의미(meaning), 그리고 용법(use)을 아는 것을 의미한다(Nation, 2001). 어휘의 형태를 안다는 것은 소리나 철자를 보고 어떤 어휘인지 알 수 있는 능력, 말하거나 소리 내어 읽는 능력, 올바른 철자로 쓰는 능력을 의미하며, 어휘의 의미를 안다는 것은 단어가 내포하는 의미를 이해하는 능력을 나타낸다. 어휘의 용법이란 문법적으로 적절히 사용하는 것, 상황에 맞게 적절한 어휘를 사용할 수 있는 것, 연어(collocation)에 대한 지식을 포함한다. 연어는 함께 어울려 사용되는 어휘 조합으로, 논리적으로 설명되는 부분이 아니다. 예를 들어, 햄버거와 같은 음식을 'quick food'보다는 'fast food'라고 표현하는데, 이는 어떤 규칙에 의한 것이라기보다는 관습적으로 사용되는 것이다. Schwanenflugel와 Knapp(2016)은 Nation의 형태, 의미, 용법의 분류를 다음과 같이 제시한다.

〈표 1〉 Aspects of Knowing a Word

Dimensions of knowing a word		
Form	Spoken	Knowing what the word sounds like.
	Written	Knowing what the word looks like.
Meaning	Conceptual and referential	Knowing what is included in the concept.

	Associative	Knowing a word's associates and synonyms.
Use	Grammatical	Knowing the grammatical contexts in which the word occurs.
	Collocational	Knowing what other words co-occur with the word.
	Constraints on use	Knowing how often we hear, read, or use this word.

(Schwanenflugel & Knapp, 2016, p. 134)

필요성

의사소통을 하기 위해서는 어휘 지식이 필수적이라고 할 수 있다. Wilkins(1972)는 문법을 모르면 의미 전달이 제한적이지만 어휘를 모르면 아무 의미도 전달할 수 없다며 의사소통에서 어휘의 중요성을 강조하였다. 실제로 외국에 나갔을 때 영어를 사용해야 하는 상황에서 단어 수준으로 의사소통을 해 본 경험은 누구나 있을 것이다. 그런 측면에서 초기 학습자에게 있어 어휘적 지식은 매우 중요하다고 할 수 있다. 복잡한 언어 형식을 배우지 않더라도 단어 수준에서는 충분히 의사소통 할 수 있기 때문이다. 듣기와 읽기 이해에 있어서도 모르는 어휘가 많을 경우 상향식 처리 과정이 원활하지 않아서 의미를 이해하기 어렵다. 또한 초등영어의 읽기나 쓰기 학습은 주로 단어 수준의 학습이 많은 비중을 차지하고 있다는 점에서도 어휘의 중요성은 더욱 강조된다.

교육과정 및 교과서 관련성

2015 개정 영어과 교육과정의 내용 체계표를 살펴보면 듣기, 말하기, 읽기, 쓰기 네 영역의 핵심 개념에 '어휘'와 관련된 부분이 있다. 듣기, 말하기, 읽기에서는 '어휘 및 문장'으로 핵심 개념이 제시되어 있고, 쓰기 영역에서는 '어휘 및 어구'로 핵심 개념이 제시되어 있다. 이는 그만큼 어휘 학습이 영어 학습에 차지하는 비중이 크다는 것을 말해준다. 어휘와 직접적으로 관련된 성취기준은 3~4학년군 총 10개로 다음과 같다.

<표 2> 어휘 관련 교육과정 성취기준

언어 기능	성취기준
듣기	[4영01-01] 알파벳과 낱말의 소리를 듣고 식별할 수 있다.
	[4영01-02] 낱말, 어구, 문장을 듣고 강세, 리듬, 억양을 식별할 수 있다.
	[4영01-03] 기초적인 낱말, 어구, 문장을 듣고 의미를 이해할 수 있다.
말하기	[4영02-01] 알파벳과 낱말의 소리를 듣고 따라 말할 수 있다.
	[4영02-03] 그림, 실물, 동작에 관해 쉽고 간단한 낱말이나 어구, 문장으로 표현할 수 있다.
읽기	[4영03-02] 소리와 철자의 관계를 이해하여 낱말을 읽을 수 있다.
	[4영03-03] 쉽고 간단한 낱말이나 어구, 문장을 따라 읽을 수 있다.
	[4영03-04] 쉽고 간단한 낱말이나 어구를 읽고 의미를 이해할 수 있다.
쓰기	[4영04-02] 구두로 익힌 낱말이나 어구를 따라 쓰거나 보고 쓸 수 있다.
	[4영04-03] 실물이나 그림을 보고 쉽고 간단한 낱말이나 어구를 쓸 수 있다.

(교육부, 2015, pp. 13-20)

어휘 지도에 관련된 교수·학습 방법 및 유의 사항에서는 교실 및 생활 주변에서 쉽게 접할 수 있는 친숙한 낱말부터 제시하도록 권장하고 있다. 낱말 읽기 지도 시에는 의미 이해뿐만 아니라 소리와 철자의 관계를 활용한 소리 내어 읽기까지 포함하여 지도하도록 하고 있다. 낱말 쓰기 지도 시에는 구두로 익힌 단어를 지도하는 것에서 점차 실물이나 그림을 보고 그 의미를 담고 있는 낱말을 스스로 쓸 수 있는 단계까지 확장하도록 권장하고 있다.

교육과정에서는 학년군별로 사용할 수 있는 어휘 수에 제한을 두고 있다. 초등학교 3~4학년군에서는 240 낱말 내외를, 초등학교 5~6학년군에서는 260 낱말 내외를 사용하도록 권장하고 있다. 이로써 초등학교에서 사용할 수 있는 낱말의 누계는 500 낱말 내외이다. 이때 '낱말 내외'란 5% 범위에서 가감할 수 있는 것을 의미하므로, 초등학교에서는 총 475~525개 정도의 낱말을 사용할 수 있다.

2015 개정 교육과정에서는 초등학교에서 사용하기를 권장하는 기본 어휘 목록을 제시하고 있다. 기본 어휘는 빈도수(frequency), 사용범위(range), 친숙도(familiarity)를 바탕으로 선정되었다. 빈도수와 사용범위는 대용량 코퍼스를 통해서 추출하였고, 친숙도는 현장교사의 의견을 반영하여 측정하였다(이문복, 신동광, 2015). 이러한 교육과정의 어휘 지침은 학습 자료나 평가 문항을 개발할 때 유용하게 사용할 수 있다.

초등학교 영어 교과서의 어휘 학습에서는 주로 듣기, 읽기, 쓰기가 결합되어 있는 경우가 많다. 예시 1과 2처럼 낱말을 읽고 쓰는 활동이 통합되거나, 예시 3처럼 낱말을 듣고 찾아서 읽은 다음 의미와 연결하게 한다. 이 과정에서 낱말의 의미를 파악하기 용이하도록 그림을 주로 사용하고, 그림으로 표현하기 경우 우리말도 제시하고 있다. 이러한 활동은 어휘의 형태와 의미를 반복하여 학습함으로써 일견 어휘(sight word)를 습득하는 데 도움을 준다. 이와 같은 낱말 읽고 쓰기 활동은 자칫 단조로울 수 있기 때문에 예시 4에서처럼 숨은 그림 찾기 같은 학생들의 흥미를 불러 일으킬 수 있는 요소를 가미하기도 한다.

Read and Write 달력의 빈칸에 들어갈 알맞은 요일을 써 봅시다.

Sunday	1	Tuesday	2	3	Friday	4
				1	2	3
4	5	6	7	8	9	10
11	12	13	14	15	16	17
18	19	20	21	22	23	24
25	26	27	28	29	30	

1 _____
2 _____
3 _____
4 _____

예시 1. 동아 4학년 교과서 114쪽

2 표의 암호를 활용하여 그림에 알맞은 낱말을 써 봅시다.

♥	♣	I	2	◆	3	4	★	5	6	7	8
a	e	f	g	i	m	n	o	p	r	t	v

① 3 ★ 6 4 ◆ 4 2
② ♥ I 7 ♣ 6 4 ★ ★ 4
③ ♣ 8 ♣ 4 ◆ 4 2

예시 2. YBM(최) 4학년 교과서 14쪽

A 다음을 듣고 알맞은 요일에 번호를 쓴 후, 우리말 뜻과 연결해 봅시다.

예시 3. 대교 4학년 교과서 68쪽

B Read and Do 어구를 읽고, 해당하는 숨은 그림을 찾아 연결해 봅시다.

예시 4. YBM(김) 4학년 교과서 46쪽

어휘 지도 방법

어휘를 지도할 때에는 어휘의 형태, 의미, 용법의 측면을 고려해야 한다. 통상 어린 학습자는 어휘의 한 측면을 알고 있으면 '어휘를 안다'고 생각하는 경향이 있다. 예를 들어, 어떤 단어를 소리 내어 읽을 수 있을 때 그 어휘를 안다고 생각할 수 있다. 하지만 단어를 소리 내어 읽을 수 있다는 것이 반드시 그 단어의 뜻을 알고 있다는 것을 의미하지는 않는다. 그러므로 교사는 학생들이 어휘의 어느 측면을 알고 있는지 파악하여 수업을 계획하는 것이 필요하다. 학생들이 한 단어의 의미와 음성적 형태만을 알고 있다면 문자 형태를 지도하는 수업을 계획하고 실행할 수 있을 것이다. 이와 같이 어휘의 다양한 측면을 한꺼번에 다 지도하려 하기보다는 점진적으로 어휘 능력을 확장해 가도록 지도하는 것이 중요하다. Hatch and Brown(1995)은 총 5단계(단어에 노출-단어의 음성적, 시각적 형태 익히기-단어의 의미 학습-형태와 의미 연결-단어 사용)로 제시하였다. 단어의 형태 익히기에 대한 내용은 다른 장(☞ 8장 파닉스 참조)에서 다루므로 이 장에서는 어휘 학습의 의미 파악과 관련된 부분에 초점을 맞추어 지도 방법을 살펴보도록 하겠다.

Seal(1991)은 어휘 학습을 총 3단계(의미 전달-의미 점검-의미 강화)로 제시하였다. 의미 전달은 그림, 실물, 몸짓, 설명 등의 다양한 방법으로 어휘의 의미를 제시하는 것이고, 의미 점검은 학습자들이 의미를 이해했는지 관련 질문을 통해 확인을 하는 것이다. 의미 강화는 연습을 통해 어휘를 사용함으로써 어휘를 강화시키는 것이다. 이런 어휘 학습의 단계는 학습 전략의 관점에서 살펴볼 수 있다. Schmitt(1997)는 학생들의 어휘 학습 전략을 크게 두 개로 구분하여, 새로운 어휘의 의미를 파악하는 데 필요한 발견 전략(discovery strategy)과 배운 어휘의 내재화를 돕는 강화 전략(consolidation strategy)으로 제시하였다. 발견 전략이란 학습자가 모르는 단어의 의미를 파악하기 위해 문맥을 이용하거나 다른 사람의 도움을 받는 것을 말한다. 강화 전략은 기억을 돕기 위해 새로운 어휘와 기존에 알고 있는 어휘를 연관시키는 것, 반복 연습을 통해 어휘를 기억하는 것, 자신의 어휘 학습 전략을 전반적으로 검토 및 평가하고 계획을 세우는 것을 포함한다. 외국어 습득에서 어휘는 지속적인 학습이 필요한 부분이므로, 학습자들이 적절한 어휘 학습 전략을 사용할 수 있도록 도와 주는 것이 중요하다.

어휘의 의미를 지도할 때 고려해야 할 요소로 암시적 학습과 명시적 학습이 있다. Nation(2001)은 암시적 학습이 메시지에 초점(message-focused)을 맞추고 있는 반면, 명시적 학습은 언어에 초점(language-focused)을 맞추고 있다고 설명한다. 암시적 학습은 학생이 어휘의 의미를 생각하며 듣거나 읽는 과정에서 자연스럽게 이루어지는 어휘 학습이고, 명시적 학습은 어휘 학습을 위해서 어휘 자체에 의도적으로 집중을 하는 학습이다. 이와 관련하여 Ellis(1995)는 암시적 학습과 명시적 학습은 상호보완적 관계로, 이 두 학습법을 연속성 안에서 이해해야 한다고 주장한다. 이는 곧 어휘 지도는 반복된 노출에 의해서 무의식적으로 학습되는 강한 암시적 학습을 한 끝으로 하고, 상위인지나 단어장 사용과 같은 인지적 전략을 적극적으로 사용하는 강한 명시적 학습을 또 다른 끝으로 하는 연속선에서 진행해야 함을 의미한다. 어휘 학습이 주로 읽기를 통해서 지도되는 점을 고려할 때, 암시적 어휘 학습은 다독(extensive reading)을 통해서, 명시적 학습은 정독(intensive reading)을 통해 적용해 볼 수 있을 것이다. Png(2010)은 암시적 학습과 명시적 학습을 위한 활동을 다음과 같이 제시한다.

Implicit teaching	Explicit teaching
• Using a word cline • Looking for contextual clues and cues(inferencing) • Using prior knowledge and experience • Using contrast • Using demonstrations	• Using semantic webs, word stars, and word splashes • Using a vocabulary thermometer • Analyzing the structure of the word • Using graphic organizers • Using a dictionary

Png이 제시한 바와 같이 단어의 암시적 지도를 위해서는 학습자가 문맥적 단서 등을 이용해서 단어의 의미를 파악하게 하는 것이 좋다. 또한 교사가 단어의 의미를 설명하기 위해 실물이나 그림 등을 활용하거나 동작을 사용할 수 있는데, 예를 들어, 교사가 'sad'라는 단어를 말하며 슬픈 표정을 지으면 학생들이 좀 더 쉽게 그 의미를 파악할 수 있다. 이에 비해 명시적 지도를 위한 활동은 단어의 의미망을 이용한다든지, 단어의 구조를 분석하는 등 단어 자체에 대한 관심을 직접적으로 유도하는 활동으로 구성된다.

어휘의 용법 지도는 초등학생들이 아직 초기 언어 학습 단계에 있음을 고려하여 교사가 적절한 언어환경을 제공하는 것이 중요하다. 연어의 경우, 학생들이 자연스러운 단어의 조합에 노출될 수 있도록 교실영어를 사용하는 것이 필요하다. 예를 들어, "잘 들어주세요."라는 말을 할 때, "Listen well."보다는 실제적으로 자주 사용되는 "Listen carefully."라는 표현을 사용하는 것이 좋다. 이를 위해 교사는 대용량 코퍼스를 활용해서 서로 어울리는 단어의 조합을 점검해 보는 것이 필요하다. 무료로 사용할 수 있는 대용량 코퍼스로는 COCA(Corpus of Contemporary American English)나 BNC(British National Corpus) 등이 있다. 다음은 "Listen well."이라는 표현과 "Listen carefully."라는 표현을 COCA에서 찾아본 결과이다.

[그림 1] 'Listen well' 표현의 검색 결과

[그림 2] 'Listen carefully' 표현의 검색 결과

COCA에 의하면 "Listen carefully."의 사용빈도는 452건인데 반해 "Listen well."의 사용빈도는 53건에 그치고 있다. 이는 "listen carefully."라는 표현이 "listen well."이라는 표현보다 더 많이 사용된다는 것을 말해준다.

지도상 유의점

- 어휘 학습을 효과적으로 하기 위해서는 초등학생들에게 필요한 고빈도 단어(high frequency words)에 지속적으로 노출시킬 필요가 있다.

- 학생들이 다양한 어휘 학습 전략을 사용할 수 있도록 지도하는 것이 중요하다. 그림이나 몸동작을 통해서 의미를 발견하는 의미 발견 전략뿐만 아니라 사물에 영어 이름표를 붙여서 단어를 기억한다거나, 학습한 단어를 다시 체크하는 등 기억 강화 전략도 적극적으로 사용하도록 권장한다.

- 강화 전략을 위해서는 단순한 단어 외우기 활동보다는 학생들이 즐겁게 참여하면서 반복 연습에 임할 수 있도록 도와줄 필요가 있다.

2 Model Lesson

학습목표:	동물을 나타내는 단어의 의미를 이해하고 사용할 수 있다.
대상학년:	3~4학년군
준비물:	낱말카드, 그림 카드
학습조직:	전체(whole class instruction)

T: Today, we're going to learn some words about animals. Open your books to page 10. Look at the picture on the page. What do you see?

Ss: 동물 그림이 있어요.

T: Good. (호랑이 그림을 가리키며) Look at this. What's this animal?

Ss: 호랑이요.

T: Yes, it's a tiger. Repeat after me. Tiger.

Ss: Tiger.

T: Does this word sound familiar? You know the baseball team 'KIA Tigers'? The word 'tiger' is the same as the baseball team 'KIA tigers'. •

학생들이 오래 기억할 수 있도록 돕기 위해 새로운 어휘와 기존에 알고 있는 어휘를 연관시키는 모습이 보여요.

Ss: A-ha.

S1: 우리말 발음이랑 똑같네.

T: (고양이 그림을 가리키며) What about this one? What's this?

Ss: 고양이요.

T: Good. It's a cat. Repeat after me. Cat.

Ss: Cat.

T: Have you heard of a cat mom?

S1: Yes.

T: S1, What does 'cat mom' mean?

S1: 고양이에게 밥 주는 엄마에요.

T: That's right. A cat mom takes care of cats.

새로운 낱말이 어떻게 소리나는 ······ **T:** Good job. (tiger라는 낱말카드를 보여주며) Repeat after me one
지 지도하도록 해요. more time, Tiger.

Ss: Tiger.

T: How do you spell it?

낱말의 스펠링에도 주목할 수 ······ **Ss:** T-I-G-E-R.
있도록 지도해요.

T: Well done. Shall we write the word 'tiger' in the air?

Ss: (학생들은 허공에 'tiger'라는 단어를 쓴다.)

'Tiger'라는 단어가 '호랑이'를 ······ **T:** Can you act like a tiger?
의미한다는 것을 강화시키기 위
해 학생들이 '호랑이'에 대해서 **Ss:** (학생들은 호랑이 흉내를 낸다.)
알고 있는 배경지식(호랑이의
행동)을 'tiger'라는 단어와 연결 **T:** That's great. (cat이라는 낱말카드를 보여주며) Repeat after me one
하도록 해요. more time, cat.

Ss: Cat.

T: How do you spell it?

Ss: C-A-T.

T: Good. Write the word 'cat' in the air.

Ss: (학생들은 허공에 'cat'이라는 단어를 쓴다.)

T: Can you make a cat sound?

Ss: 학생들은 고양이 소리는 흉내 낸다.

학생이 'grandmother'라는 ······
단어를 몰라서 'old mother'
라고 표현하였는데, 선생님이 **T:** Excellent. I have a cat. Her name is 'Heesu.' ('Heesu'라는 고양이
'grandmother'로 고쳐 말하기 사진을 보여주며) This is my cat, Heesu. S2, Do you have a cat?
(recast)하는 모습이 보여요.
S2: No. My old mother…

T: Ah, does your grandmother have a cat?

학생들이 단어 수준으로 의사소 ······ **S2:** Yes, two.
통을 하는 모습이 엿보여요. 이
때 선생님은 대화가 자연스럽게 **T:** Does she have two cats?
이어질 수 있도록 도와주는 것
이 필요해요. **S2:** Yes.

T: Who else has a cat?

Ss: (집에 고양이가 있는 학생들이 손을 들며) Me, me.

T: (손을 든 학생들의 수를 센 후) Wow, five students have a cat in the family. How about tigers? Who has a tiger?

Ss: (학생들 아무도 손을 안든다.)

T: Nobody? Nobody has a tiger. That's not surprising. (과장되게 무서워하는 표정을 지으며) It would be very scary if you had a tiger in your house.

Ss: (학생들이 까르르 웃는다.)

Task

- 아래에 제시된 어휘를 동작을 사용하여 암시적으로 지도하는 수업장면을 구성해 보세요.

대상학년:	3~4학년군
어휘:	baseball, soccer, basketball, badminton

4 Classroom English

어휘를 지도할 때 활용할 수 있는 교사 발문이나 지시문을 정리하면 수업에서 유용하게 활용할 수 있다.

Categories	Teacher Talk
Focusing on meaning	• What's '하늘' in English? • How do you say '하늘' in English? • What does this word mean? • What is this word in Korean? • What does the word mean in this sentence?
Focusing on pronunciation	• How do you pronounce that? • How should I read this word? • Listen to the correct pronunciation. • Would you like to pronounce this word? • I'll say this word first. • Listen to how I pronounce it.
Focusing on spelling	• I don't know its spelling. • I don't know how to spell it. • How do you spell this? • Please give me the spelling of 'tiger'. • What's the spelling of the word? • I will spell out the word. • Is the spelling right? • Have I spelled it correctly? • You are missing a letter. • What's missing here? • Find a misspelled word and correct it.

14장 문법 (Grammar)

1 이론적 배경

정의

문법(grammar)은 의미를 전달하기 위해 문장 내에서 단어를 배열하거나 단어의 형태를 바꾸는 규칙을 의미한다. 예를 들면, 영어는 주어(subject)+동사(verb)+목적어(object) 어순으로 구성되며, 동사는 과거, 현재, 미래 시제를 나타나기 위해 will+동사, 동사-s/es, 동사-ed 형태로 바뀌는 규칙들을 일컫는다. 1980년대 이후 언어능력이 유의미한 맥락에서의 언어 사용을 강조하는 의사소통능력(communicative competence)으로 확장되면서 영어교육의 목표도 의사소통능력 함양으로 변화되었다. 이때, 의사소통능력은 전통적으로 언어능력으로 간주되어 왔던 문법능력(grammatical competence) 뿐만 아니라, 사회언어학능력(sociolinguistic competence), 담화능력(discourse competence), 전략능력(strategic competence) 등을 포함한다 (Canale, 1983; Canale & Swain, 1980). 그 중 문법능력은 어휘지식과 형태소, 통사구조, 의미체계, 음운 등의 규칙에 관한 지식을 지칭한다.

- *Grammatical competence*: knowledge of lexical items and of rules of morphology, syntax, sentence-grammar semantics, and phonology
- *Sociolinguistic competence*: the extent to which utterances are produced and understood appropriately in different sociolinguistic contexts depending on contextual factors such as status of participants, purposes of the interaction,

and norms or conventions of interaction

- ***Discourse competence***: mastery of how to combine grammatical forms and meaning to achieve a unified spoken or written text in different genres

- ***Strategic competence***: verbal and nonverbal communication strategies that may be called into action to compensate for breakdowns in communication due to performance variabbles or to insufficient competence.

(Canale, 1983, pp. 6-11; Canale & Swain, 1980, pp. 29-31)

필요성

성공적인 의사소통을 위해서는 문법능력이 필요하다(Canale & Swain, 1980). 의사소통에서 의미를 정확하게 이해하고 표현하기 위해서는 문법을 알아야 하기 때문이다. 가령, 화자가 문법에 맞지 않는 문장을 말하면 청자는 무슨 말인지 잘 이해하지 못하거나 화자의 의도와 다른 답변을 하는 등 의사소통에 문제가 생길 수 있다. 또한 문법을 모를 경우, 읽기 자료를 이해하기 어렵고 자신의 생각을 글로 표현하는 것에도 한계가 있다.

학습자 언어의 정확성을 향상시키기 위해서도 문법이 필요하다. 우리나라는 언어 입력 및 출력의 기회가 제한적인 EFL상황에 있으므로, 학습자들이 모국어 습득에서와 같이 문법 지식을 스스로 터득하기 어렵다. 뿐만 아니라 잘못된 언어 형태에 대한 수정이 제공되지 않을 경우, 학생들의 오류는 화석화될 우려가 있다. 따라서 교실 수업에서 문법 교수 활동을 하면 학습자들이 언어 형태를 인식하게 됨으로써 문법 통제력을 갖게 되고 제2언어 습득의 속도도 증진될 수 있다(Ellis, 2006).

외국어 학습에서의 문법교육은 다음의 세 가지 흐름으로 발전되어 왔다(Long, 1991). 문법교육이 처음 나타난 것은 언어 형태의 정확성에 초점을 둔 형태중심 교수(Focus on Forms)로서, 문법번역식 교수법(Grammar-Translation Method), 청화식 교수법(Audiolingual Method) 등이 여기에 속한다. 문법번역식 교수법에서는 문서의 외국어를 모국어로 또는 모국어를 외국어로 번역하기 위해 필요한 언어 규칙을 가르치는 데 중점을 두었으며, 청화식 교수법에서는 모방과 반복을 통한 문형 연습(sentence pattern drill)을 통해 문법 구조를 익히도록 하였다. 하지만 형태중심 교수는 개별 항목으로 제시된 문법 지식만 증대시킬 뿐, 실제적인 의사소통능력에 도움이 되지 못하고 학습자들의 학습 동기를 저하시키는 부정적 결과를 초래하였다.

1970년대 후반 의미중심 교수(Focus on Meaning)는 형태중심 교수에 대한 비판에서 탄생되었으며, 자연적 접근법(Natural Approach)이 대표적이다. 자연적 접근법에서는 이해가능한 입력(comprehensible input)을 강조하면서 학습자 자신의 언어능력보다 한 단계 높은 입력을 충분히 접하면서 의미를 이해하게 되면 문법은 단계적으로 습득된다고 주장하였다(Krashen, 1983). 하지만 의미중심의 몰입 교육(immersion education)의 결과, 학습자 언어에 오류가 빈번하게 발견됨에 따라 명시적인 문법 지도의 필요성이 제기되었다(Harley & Swain, 1984).

언어 형태와 의미 간의 균형을 도모하는 형태초점 교수(Focus on Form)는 의미중심 교수의 문제점을 보완한 것으로 의미중심의 의사소통 활동에서 언어의 형태에 주목하게 하는 교수방법이다. 형태초점 교수는 언어 사용 능력을 지속적으로 향상시키면서 언어 형태에 의도적으로 주의를 기울이게 함으로써 유창성과 정확성을 동시에 추구하였다.

교육과정 및 교과서 관련

교육과정에서는 정확성을 보완하기 위한 문법 교육을 명시하고 있지 않다. 다만 의사소통 활동(음성 언어 활동과 문자 언어 활동)에서 "'의사소통기능과 예시문'에서 제시된 항목과 함께 '의사소통에 필요한 언어 형식'에 제시된 항목을 사용"함으로써 자연스럽게 익혀 나가도록 권장하고 있다(교육부, 2015, p. 11). 교육과정에 제시된 언어 형식은 학교급별로 구분함으로써 초등학교 권장 언어 형식을 참조할 수 있도록 하였다. 특히 문자 언어에서의 언어 형식은, "(5~6학년군) 쓰기 활동에 사용되는 어휘 및 언어 형식 수준이 교육과정에서 요구되는 수준보다 높아지지 않도록 주의한다."(교육부, 2015, p. 30)에서 나타난 것과 같이, 학습자들에게 부담이 되지 않게 구성하도록 제시하고 있다. 한편 말하기 활동에서의 오류 수정과 관련하여 '교수·학습 및 유의사항'에서는 "의사소통에 지장을 주지 않는 한 교사의 즉각적인 오류 수정을 피하고, 학습자 스스로 오류를 발견하고 수정할 수 있도록 다양한 교정적 피드백을 제공"하도록 명시하고 있다(교육부, 2015, p. 16).

교육과정에 문법 교육이 명시되어 있지 않으므로, 초등영어 교과서 대부분도 아래 예시 1에서와 같이 스토리텔링 또는 놀이·게임과 같은 의사소통을 수행하는 의미중심 활동을 하면서 필요한 언어 형식을 사용하도록 제시하고 있다. 반면 형태초점 교수 활동은 다음 세 가지 유형으로 제시되고 있다. 첫째, 의사소통 활동 이후 낱말을 배열하여 그림에 해당되는 대화문을 완성하는 활동(예시 2), 둘째, 학습해야 할 특정 언어 형식(비교급)을 잘 학습했는지 점검하기 위해 정확한 형태를 써넣도록 하는 구조중심 쓰기 활동(예시 3), 셋째, 예시를 통해 학습자들이 문법 규칙을 발견하도록 하는 활동(예시 4) 등이 있다. 특히 예시 4의 경우, 색깔 표시를 통해 학습자들이 언어 형태에 주의를 기울일 수 있도록 하고 있다.

예시 1. 천재 6학년 교과서 47쪽

5 그림을 보고, 낱말을 바르게 배열하여 대화를 완성해 봅시다.

(1)

A: _____ play basketball?
(do, often, How, you)
B: I play basketball _____
_____. (a, times, three, week)

(2)

A: I can't play well.
B: _____!
(do, can, You, it)

예시 2. YBM(김) 6학년 교과서 119쪽

Ⓐ 그림을 보고, 주어진 낱말을 활용하여 비교하는 문장을 완성해 봅시다.

① The basketball is ═══════ than the baseball.
(big)

② The potato is ═══════ than the tomato.
(heavy)

③ Yuri is ═══════ ═══════ Kevin.
(fast)

예시 3. 동아 6학년 교과서 127쪽

Discovery Fun 규칙 찾아 문장 완성하기
▶ More Activities

| My birthday is | on | April 2nd | . |

| Children's Day is | on | May 5th | . |

| The school field trip is | | | . |

MAY
11

예시 4. YBM(최) 6학년 교과서 52쪽

문법 지도 방법 및 지도 절차

문법 지도는 크게 연역적 방법(deductive method)과 귀납적 방법(inductive method)으로 나눌 수 있다(Thornbury, 1999). 연역적 방법은 먼저 문법 구조에 대한 설명을 한 뒤 학습자들이 규칙을 적용하여 연습하도록 하는 것이며, 귀납적 방법은 특정 문법이 포함된 예시문을 제시하여 학습자 스스로 규칙을 발견하게 하는 것이다. 두 가지 방법 모두 각각의 장점을 가지고 있으므로, 교사는 문법 항목 및 학습자의 특성에 따라 선택해서 사용하도록 한다. 초등학생과 같은 어린 학습자에게는 귀납적인 방법이 효과적일 수 있으므로, 다양한 활동 속에서 목표 언어를 이해하고 표현하도록 함으로써 문법 규칙을 습득하도록 도울 수 있다. 반면 문법 규칙이 복잡한 경우 학습자들이 스스로 문법 규칙을 찾기 어려우므로 연역적 방법이 더 효과적일 수 있다.

유창성과 정확성을 모두 고려하는 형태초점 교수에서는 학습자들이 의미중심의 의사소통 활동에 참여하고 있을 때 문법적 오류를 명시적으로 수정하지 않도록 한다. 다만 의사소통 활동을 위해 필요하거나 다수의 학습자들이 범하는 오류가 있을 경우, 교사는 다음과 같은 형태초점 학습 활동들을 제공할 수 있다(Doughty & Williams, 1998; Ellis, 2001; Takashima, 1999).

1) 입력 강화(input enhancement)

학습자들이 목표 형태에 주의를 기울이도록 하기 위하여 입력을 제공할때 목표 문법 구조를 굵은 글씨체나 색깔로 표시하기도 하고, 이탤릭체나 밑줄을 사용하기도 한다.

2) 입력 포화(input flooding)

학습자가 배워야 할 목표 형태를 포함하는 언어 표현을 반복해서 말하거나 읽게 함으로써 풍부한 언어 입력을 제공하는 것이다. 이 방법은 학습자들이 목표 표현을 빨리 습득하도록 돕는다.

3) 형태초점 의사소통중심 과업(focused communication task)

목표 형태를 사용할 수 있는 의사소통 과업을 제시함으로써 학생들이 유의미한 맥락에서 목표 형태를 사용하도록 지도하는 것이다. 이러한 연습은 학생들이 과제를 수행하면서 목표 형태를 자연스럽게 습득하도록 돕는다.

4) 정원 가로지르기 기법(garden path technique)

교사가 의도적으로 학습자가 가진 가설에 따라 오류를 발화하게 한 후 즉각적인 피드백을 주는 것이다. 이러한 피드백은 오류의 원인이 무엇인지 알아차리게 함으로써 학습자가 가진 (문법적) 지식의 간극을 인식하게 하며, 특정 문법 항목에 주의를 기울이도록 함으로써 학습 동기를 불러일으킬 수 있다.

5) 교정적 피드백(corrective feedback)

의사소통과정 중 학습자의 발화에 오류가 나타났을 때, 직접 수정(direct error correction)은 의사소통의 흐름을 단절시키고 학습자들의 의사소통 욕구 및 자신감을 저해할 수 있으므로 간접 수정(indirect error correction)을 하도록 권장한다. 간접 수정 방법으로는 오류를 올바르게 고쳐 다시 말해주기(recast), 학습자가 틀린 부분을 스스로 고쳐 말하도록 유도하기(elicitation), 이해하지 못한 부분에 대한 확인 요청(clarification request), 틀린 부분을 암시하기 위해 억양만 올려 그대로 반복하기(repetition) 등이 있다. 이같은 피드백은 암시적으로 전달되며 의미 협상의 기능을 가지므로 의사소통의 흐름을 깨지 않을 수 있다.

문법 지도 절차는 일반적으로 제시-통제적 연습-의사소통 활동의 단계를 따른다(Celce-Murcia & Hills, 1988). 제시 단계에서는 가르쳐야 할 언어 형식을 제시한다. 언어 형식이 자주 사용되는 상황을 함께 제시함으로써 학습자들이 언어 형식의 의미까지도 쉽게 파악할 수 있도록 할 수 있다. 또한 언어 형식에 적용된 문법 규칙을 잘 이해시키기 위해 시각적 자료, 손동작 또는 몸동작을 사용할 수 있다. 예를 들면, 비교급을 제시할 때 크기가 다른 그림이 그려진 그림 카드를 사용하거나 의문문을 제시할 때 학생들에게 각자 낱말 카드를 들고 순서대로 서게 할 수 있다.

통제적 연습 단계에서는 연습을 통해 목표 언어 형식을 익히도록 한다. 교사의 발화를 듣고 따라하는 반복 연습과 정해진 구문에서 일부분의 단어를 바꾸면서 연습하는 대체 연습(substitution drill) 등의 방법이 있다. 그러나 이 두 가지 방법 모두 기계적인 연습이기 때문에 학생들이 흥미를 잃을 수 있으므로 속도를 빠르게 하거나 대답하는 순서를 불규칙하게 지정하는 방법 등을 활용하는 것이 필요하다.

의사소통 활동 단계에서는 과업, 게임 또는 놀이를 하면서 목표 언어 형식을 자연스럽게 사용하도록 한다. 이 단계는 학습자들이 연습 단계에서 충분히 목표 언어 형식을 학습한 이후에 가능하며, 흥미롭고 유의미한 상황에서 의사를 전달하기 위한 수단으로 목표 언어 형식을 자유롭게 사용할 기회를 제공하는 것이다.

지도상의 유의점

- 오류를 언제 어떻게 지도할 것인가의 문제는 교수·학습 맥락에 따라 다르므로, 교사가 오류의 원인과 오류 수정의 효과를 파악해야 한다.
- 오류 수정 시, 학생들이 창피함을 느끼지 않도록 주의해야 한다. 교사는 학생들이 발화를 시도한 노력을 칭찬함으로써 말하기에 대한 자신감과 말하고자 하는 의지를 유지할 수 있도록 한다.

2 Model Lesson

학습목표:	There is + 단수명사/There are + 복수명사 규칙을 이해하고 표현하기
대상학년:	5~6학년군
자료:	There is a bee on the flower. / There are bees on the flower.
준비물:	그림 카드, worksheet
학습조직:	전체

T: We've learned the expressions, "There is a bee on the flower. There are bees on the flower." Before starting today's lesson, let's review these expressions. There is a bee on the flower.

Ss: There is a bee on the flower.

T: Good. Now I'm going to give you two words. (테이블 위에 모자 하나가 있는 그림을 보여주며) If I say 'cap' and 'table', can you change the sentence using those words?

S1: There is a cap on the table.

T: Great. Can you try with other words?

Ss: Yes.

T: (의자 위에 연필 한 자루가 있는 그림 카드를 보여주며) Pencil, chair.

Ss: There is a pencil on the chair.

T: Good. Bag, desk.

Ss: There is a bag on the desk.

T: Excellent. (꽃 위에 벌들이 앉아 있는 그림 카드를 보여주며) Bees, flower.

Ss: There is bees on the flower.

T: (is를 강조하며) There IS bees on the flower? Repeat after me. (are 을 강조하며) There ARE bees on the flower.

Ss: There are bees on the flower.

T: Well done. Look at the screen. (스크린에 제시된 문장을 보며) You

형태초점 교수 활동은 의사소통 활동 이후에 주로 이루어져요. 의사소통 활동에서 자주 나타난 오류 또는 학습해야 할 언어 형식에 주목하여 규칙을 가르쳐요.

교사가 의도적으로 학생들의 오류를 이끌어 낸 후 수정해주는 정원 가로지르기 기법이에요. 이러한 피드백은 전체 활동으로 제시하는 것이 좋아요. 이렇게 하면 전체 학생들이 교사에 의해 유도된 오류를 범하게 되는 것이므로 오류에 대한 학생들의 부정적 심리를 줄일 수 있어요.

can see some sentences. And these sentences have some words in different colors. Can you find them?

Ss: Yes.

T: Which colors?

Ss: 빨간색, 파란색이요.

T: Yes, some words are in red and other words are in blue. Right?

Ss: Yes.

T: What is the word in red?

Ss: Is요

T: What is the word in blue?

Ss: Are이요.

T: Yes, these two words are in different colors. When do we say 'is'? When do we say 'are'? Can you figure out the rule by reading the sentences?

Ss: (문장을 읽으며 규칙을 찾아본다.)

T: Did you find out the rule?

Ss: 잘 모르겠어요.

T: That's all right. Let's find out together. Look at the red color, first. What word comes after 'is'?

Ss: A bee, a cap, a pencil, a bag.

T: Right. There is a bee on the flower. There is a pencil on the chair. There is a bag on the desk. (스크린에서 a bee, a pencil, a bag을 가리키며 강조해서 읽는다.) In these sentences, we can see only one thing right after 'There is'. Now, look at the blue color. What word comes after 'are'?

Ss: Bees, caps, pencils, bags.

T: Right. There are bees on the flower. There are pencils on the chair. There are bags on the desk. (스크린에서 bees, pencils, bags을 가리키며 강조해서 읽는다.) In these sentences, we can see more than

입력의 색깔을 달리하여 학생들의 주의력을 이끄는 입력 강화 방법을 사용하고 있어요. 학생들은 빨간색과 파란색이 표시된 언어 형식의 차이에 주목하면서 규칙을 찾아낼 수 있어요.

초등학습자들에게는 예시문을 통해 규칙을 스스로 알아차리도록 하는 귀납식 방법이 효과적일 수 있어요.

교사는 학생들과 함께 'There is + 단수명사' 규칙을 확인해요.

one thing right after 'There are'. So here is the rule. When you describe one person or one thing, you have to say 'There is ~'. But when you talk about more than one person or one thing, you say 'There are ~'. Is everything clear?

Ss: Yes.

T: Okay. Let's look at the blanks on the worksheet. Please fill the blanks with 'is' or 'are'.

Ss: (학생들이 학습지 빈 칸을 채운다.)

T: Let's check the answers together. Look at picture 1. What's the answer? 'Is' or 'are'?

Ss: Is

T: You chose 'is'. Why? Can anyone tell us?

S1: 연필이 하나만 있어요.

T: That's right. There is only ONE pencil. (교사가 one을 강조해서 말한다.) So we say "There IS a pencil."

(교사는 계속해서 학생들과 답을 점검한다.)

반복 연습, 대체연습(sub-stitution drill)으로 이루어지는 연습 단계는 기계적 활동으로 지루할 수 있으니 오래 지속되지 않도록 유의해요.

Task

• 다음의 〈학습자료〉에서 가르쳐야 할 언어 형식을 제시하는 수업 장면을 구성해 보세요.

대상학년:	5~6학년군
의사소통기능:	A: What are you doing?
	B: I'm cleaning my room.

〈학습자료〉

A: What are you doing? B: I'm cleaning my room.

A: What is he doing? B: He's playing basketball.

Classroom English

Categories	Teacher Talk
Making phrases or sentences	• Make phrases/sentences using the words on these cards. • Put the words in the correct order to make a sentence. • What word comes first? What word comes after this one? • Read them to your partner. Does it sound right?
Looking for rules	• There are four sentences. Can you figure out the rule? • Here you can find some rules.
Grammar drill	• Listen to this sentence, "There is a bee on the flower." Can you repeat it? • Now say it with 'bees' instead of 'a bee'. • Now I'm going to rub some words off. Can you still say the sentence? • Fill in the blanks with the correct forms from the box. • Now, I am A, and you are B. Listen to what A says and reply using one of the cues. • Look at these people on the board. They want to do one of these things. • Can you make a sentence about each person using this pattern _____?
Error Correction	• Is this sentence correct? • What's wrong here? • I see something missing here. • Is there something to correct here? • Can you correct this sentence? • You need to say 'played' instead of 'play'. • You can see more than one bag. In this case, you need to add the letter 's' at the end of 'bag'.

3부
영어 통합 지도

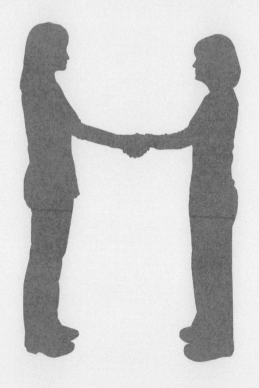

15장 | 스토리텔링
(Storytelling)

 1 **이론적 배경**

정의

스토리텔링(storytelling)은 이야기(story)와 말하기(telling)의 합성어로 면대면으로 이야기를 들려주는 활동이다. 스토리텔링은 청자에게 책을 보여주지 않고, 화자가 음성과 제스처를 통해서 이야기를 생동감 있게 전달하는 의사소통 기술이다. 스토리텔링은 비단 영어교육뿐만 아니라 모국어교육에서도 오랫동안 사용되어 온 방법이다. 조선시대나 그 이전 시대를 배경으로 하는 사극에서 마당놀이패가 동네 사람들에게 이야기를 들려주는 활동을 하는 모습이 종종 나오는데, 그만큼 스토리텔링은 옛날부터 전해져 오는 의사소통 기술이라고 할 수 있다.

스토리텔링은 책 읽어주기와 유사한 면이 있다. 이야기에 관한 학생들의 배경지식(schema)을 활성화시킨다든지, 학생들의 이해를 돕기 위해서 그림 자료, 제스처 등을 사용하는 점에서 유사하다고 할 수 있다. 하지만 이 두 가지는 결정적으로 이야기 말하기와 이야기 읽어주는 행위에 있어서 차이점이 있는데, Slattery & Willis(2014)는 스토리텔링과 책 읽어주기의 가장 큰 차이점을 다음과 같이 설명한다.

There is a difference between telling and reading a story. One of the most important differences is your intonation pattern.

1. When you tell a story you

- speak **spontaneously**

- use natural **intonation** to help make the story seem real
- are looking at the children and you can see if they understand
- can use your face and body to make **gestures**
- practice first and have some support, e.g. notes on cards
- don't need to worry if you make mistakes (children are unlikely to notice).

2. When you read a story you can

- repeat and rephrase in a natural way
- stop and talk to the children about what is happening
- stop and show pictures and talk about them
- sometimes talk to individuals about an aspect of the story.

(Slattery & Willis, 2014, p. 97)

필요성

스토리텔링의 필요성은 언어교육에서 이야기의 필요성과 맞닿아 있다고 할 수 있다. 노경희(2015)는 언어를 이야기를 통해 배웠을 때 다음과 같은 장점이 있다고 기술한다. 첫째, 언어를 이야기가 제공하는 문맥 속에서 배움으로써 모르는 단어의 의미를 추론할 수 있다는 점, 둘째, 같은 단어를 반복적으로 접할 수 있어 어휘 습득에 용이하다는 점, 셋째, 이야기를 통해 목표어의 문화나 가치관 등을 배울 수 있다는 점, 넷째, 이야기가 학생들에게 흥미와 호기심을 자극할 수 있다는 점, 다섯째, 지루하지 않게 동일한 구문이나 패턴을 배울 수 있다는 점이다. Ellis와 Brewster(2002)도 스토리텔링을 통해 학생들이 외국어 학습에 흥미를 느끼게 되는 등 외국어 학습에 대해 긍정적인 태도를 갖게 되고, 언어를 다양한 맥락에서 접할 수 있게 된다고 하였다. 학생들은 이렇게 스토리텔링을 통해 이야기를 자연스럽게 접하면서 문학작품의 언어입력을 접할 수 있고, 이야기가 펼쳐지는 맥락 속에서 새로운 어휘도 이해할 수 있게 된다.

스토리텔링에서 이야기를 들려주는 행위는 화자와 청자 간의 역동적인 상호작용에 바탕을 둔 활동이어서 의미교섭(negotiation of meaning)의 기회를 제공한다. 스토리텔링에서 청자가 이해를 잘 하지 못할 경우 화자는 좀더 쉽고 친숙한 표현과 어휘를 사용하여 이야기를 들려줄 수 있고, 제스처와 같은 비언어적인 단서를 이용할 수 있다. 청자는 화자의 이야기를 들으면서 자신의 경험과 상상력을 활용하여 이야기의 의미를 파악한다. 또한 얼굴 표정이나 제스처와 같은 비언어적인 단서를 통해 의미를 파악하는 기회를 가질 수 있을 것이다.

교육과정과 교과서 관련성

스토리텔링은 2015 개정 영어과 교육과정의 핵심역량 중 의사소통역량, 공동체역량 함양과 관계가 있는데, 화자는 이야기라는 매개체를 가지고 청자와 상호작용을 하며 의사소통을 하게 된다. 또한 스토리에 녹아 있는 정의, 도덕적 가치 등을 통해 학생들은 사회 구성원으로서 더불어 살아가는 공동체 역량을 함양할 수 있는 기회를 갖게 된다. 또한 스토리텔링은 표 1과 같이 듣기와 말하기 성취기준의 대부분과 관련된다. 학생들에게 이야기를 들려 주거나 이야기를 말하도록 할 때 주변의 친숙한 사물이나 사람, 학생들의 일상생활에서 접할 수 있는 친숙한 주제에 관한 것이 대부분이고, 스토리텔링은 주로 이야기 듣기와 말하기를 통합한 활동이기 때문이다.

〈표 1〉 스토리텔링 관련 교육과정 성취기준

학년군	언어 기능	성취기준
3~4학년군	듣기	[4영01-06] 주변의 사물과 사람에 관한 쉽고 간단한 말이나 대화를 듣고 세부 정보를 파악할 수 있다.
		[4영01-07] 일상생활 속의 친숙한 주제에 관한 쉽고 간단한 말이나 대화를 듣고 세부 정보를 파악할 수 있다.
5~6학년군	듣기	[6영01-02] 일상생활 속의 친숙한 주제에 관한 간단한 말이나 대화를 듣고 세부 정보를 파악할 수 있다.
		[6영01-05] 쉽고 간단한 말이나 대화를 듣고 줄거리를 파악할 수 있다.
		[6영01-06] 쉽고 간단한 말이나 대화를 듣고 목적을 파악할 수 있다.
		[6영01-07] 쉽고 간단한 말이나 대화를 듣고 일의 순서를 파악할 수 있다.
	말하기	[6영02-02] 주변 사람에 관해 쉽고 간단한 문장으로 소개할 수 있다.
		[6영02-03] 주변 사람과 사물에 관해 쉽고 간단한 문장으로 묘사할 수 있다.
		[6영02-06] 자신의 경험이나 계획에 대해 간단히 묻거나 답할 수 있다.
		[6영02-07] 일상생활 속의 친숙한 주제에 관해 간단히 묻거나 답할 수 있다.

(교육부, 2015, pp. 13-24)

교과서에는 한 단원이나 두 단원을 학습한 후에 단원의 의사소통기능과 관련된 이야기가 제시되고 있다. 표 2는 동아 3학년 교과서에 제시된 이야기와 의사소통기능이다. 교과서에 제시된 이야기는 학생들에게 동화나 영화의 일부분이 사용되기도 한다.

<표 2> 동아 출판사 3학년 교과서의 이야기와 의사소통기능

단원	이야기	의사소통기능
1 단원	피노키오	Hello, I'm Jimin.
2 단원	피터 팬	What's this? It's a pencil.
3 단원	청개구리	Sit down, please. I'm sorry. That's okay.
4 단원	라푼젤	Is it a bear? Yes, it is./No, it isn't. It's big.
5 단원	여우와 두루미	Do you like pizza? Yes, I do./No, I don't. I (don't) like chicken.
6 단원	배고픈 애벌레	How many carrots? Two carrots. You're welcome.
7 단원	잭과 콩나무	Can you swim? Yes, I can./No, I can't. I can('t) dance.
8 단원	진저브레드 맨	Do you have a bike? Yes, I do./No, I don't. I (don't) have a glove.
9 단원	오즈의 마법사	Are you happy? Yes, I am./No, I'm not. I'm sad.
10 단원	백설공주	Who's (s)he? She(He) is my mom(dad). He's tall.
11 단원	벌거벗은 임금님	What color is it? It's green. Look at the sky.
12 단원	눈의 여왕	How's the weather? It's sunny. Let's go outside.

교과서의 이야기는 네 영역(듣기, 말하기, 읽기, 쓰기)을 통합하여 복습할 수 있는 기회를 제공해 준다. 예시 1은 피터팬의 일부분인데, "Hello, I'm Jinu."와 "What's This?"라는 두 단원을 배운 후 제시된다. 피터팬 이야기의 대본을 보면 두 단원의 의사소통기능인 "Hello, I'm ____."과 "What's this?"라는 표현이 반복되어 사용됨을 알 수 있는데, 이는 여러 의사소통기능들이 유의미한 맥락 속에서 어떻게 통합되어 사용되는지 보여준다.

예시 1. 대교 3학년 교과서 28쪽

Script

[장면 1]

피터 팬과 팅커 벨이 창문을 열고 웬디의 방으로 들어간다.

피터 팬: Hi, I'm Peter Pan.

웬디　: Hello, I'm Wendy. Nice to meet you.

피터 팬: Nice to meet you, too.

[장면 2]

웬디　: (피터 팬의 모자에 달린 물건을 가리키며) What's this?

피터 팬: It's a pen.

피터 팬이 깃털 펜으로 그림을 그려 웬디에게 보여 준다.

웬디　: (그림을 보고 좋아하며) Wow!

[장면 3]

팅커 벨이 존의 모자를 써 보려고 하다가 침대에 떨어뜨려 존이 잠에서 깬다.

팅커 벨: I'm sorry.

존　　: That's okay. Hi, I'm John.

팅커 벨: Hi, I'm Tinker Bell.

[장면 4]

창밖으로 해가 떠오르기 시작한다.

피터 팬: Goodbye.

웬디　: Goodbye.

대교 3학년 지도서 99쪽

예시 2에서도 영화 'Paddington'의 한 부분을 이야기로 들려주며, "What are these?"라는 표현을 유의미한 맥락 속에서 제시하고 있다. 영화에서 런던을 처음 방문한 패딩턴은 영국에서 보게 되는 모든 것들에 대해 궁금해하며 사람들에게 "What are these?"라는 질문을 한다.

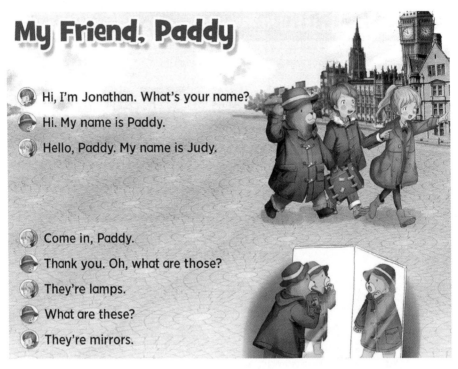

예시 2. YBM(최) 5학년 교과서 28쪽

지도 방법 및 활동 유형

스토리텔링은 이야기 선정, 이야기 수정, 이야기 말하기의 세 단계를 거친다.

1) 이야기를 선정할 때는 학습하고 있는 의사소통기능을 고려하여 학습의 흥미를 유도하는 이야기를 선택하는 것이 필요하다. 학생들이 좋아하는 이야기를 고르기 위해서는 교사가 평소에 학생들이 좋아하는 이야기에 대해서 숙지하고 있어야 한다. 그리고 이야기를 선정할 때에는 학생들이 이해하기 쉬운 텍스트 구조를 가지고 있는가를 고려하는 것이 좋다. Cameron(2001)은 이야기의 구성이나 대사 등이 조응관계를 이루며 비슷한 표현들이 반복될 경우, 학생들이 적극적으로 이야기에 참여할 수 있으며 이해하기 쉽다고 하였다. 이를 Little Red Riding Hood의 예시로 살펴보면 아래와 같다.

> • LRRH: Grandmother, what big eyes you've got!
>   BBW: All the better to see you with, my dear.
>
> • LRRH: Grandmother, what big ears you've got!
>   BBW: All the better to hear you with, my dear.
>
> • LRRH: Grandmother, what big teeth you've got!
>   BBW: All the better to EAT you with…(Cameron, 2001, p.163)

위 예시에서 LRRH는 Little Red Riding Hood이고, BBW는 늑대를 나타내는데, LRRH 와 BBW의 대화를 살펴보면 반복과 변화를 확인할 수 있다. LRRH는 "Grandmother, what big___ you've got."이라는 구문을 빈칸에 들어갈 단어만 바꿔서 반복적으로 사용하고 있고, BBW 역시 "All the better to ____ you with, my dear."라는 구문을 반복해서 사용하고 있다. Cameron은 이야기의 이런 반복과 변화가 학생들에게 도움을 주고 흥미를 유발한다고 하였다. 따라서 학생들에게 들려줄 이야기를 선정할 때에는 이런 반복과 변화의 구조를 지니고 있는지 살펴볼 필요가 있다.

> 이야기 대본은 다음의 웹사이트에서 구할 수 있다.
> https://www.freechildrenstories.com
> https://learnenglishkids.britishcouncil.org/short-stories
> http://www.english-for-students.com/Examples-of-Short-Stories.html

2) 이야기 선정이 이루어진 후에는 이야기를 학생들이 이해하기 쉽게 변형하는 것이 필요하다. Pinter(2017)는 이야기 수정의 예를 다음과 같이 보여준다(pp. 133-134).

수정 전의 이야기	One winter day, when the sun came out unexpectedly, all the ants hurried out of their anthill and began to spread out their store of grain to dry. ~~food?~~ *bring out* Up came the grasshopper who said: 'I am so hungry. Please, will you give some of your grain?' One of the ants stopped working for a moment and replied: 'Why should we? What has happened to your own ~~(store of)~~ food for the winter?' 'I have not got a ~~store~~ *any*' - said the grasshopper. 'I did not have time to collect any food last summer because I spent the whole time singing.' The ant laughed and all the others joined in. 'If you spent the summer singing, you will have to spend the winter dancing for your supper.' The grasshopper went on his way, hungry.
수정 후의 이야기	One winter day the grasshopper met an ant. The ant was eating some nice food. The grasshopper said, "I am so hungry. Can you give me some food, please?" The ant said, "I worked hard all summer. What did you do in the summer, grasshopper?" "I was singing and dancing." The ant shook her head and did not give him any food. The grasshopper was very sad and hungry. He met another ant.

Pinter가 제시한 예를 살펴보면, 어려운 단어에서 쉬운 단어로 고치는 단어 수준의 수정뿐만 아니라 여러 개의 문장을 의미가 통하도록 한두 문장으로 쉽고 단순하게 수정한 것을 볼 수 있다. 의미는 통하되 학생들이 이해 가능한 수준으로 수정한 것이다. 이와 같이 교사는 이야기를 수정할 때 교육과정에 제시된 초등 어휘와 언어 형식을 바탕으로 수정할 필요가 있다.

3) 이야기 말하기에서는 청자의 반응을 살피며 생동감 있게 전달하기 위해 다양한 방식을 활용할 수 있다. 첫째, 화자와 청자가 의사소통하는 방식으로 스토리텔링을 진행할 수 있다. 청자에게 적극적인 역할을 부여하기 위해서 화자가 그림을 가지고 청자에게 이야기의 내용을 추측하게 해 보거나, 이야기를 들려주는 중간에 질문을 하라고 독려하거나, 청자가 이야기의 내용을 잘 이해하고 있는지 화자가 확인하고 점검하는 질문을 던질 수도 있다. 둘째, TPR 스토리텔링을 적용해 볼 수 있다. 이는 스토리텔링과 TPR(Total Physical Response: 전신반응접근법)을 결합한 것으로, 스토리텔링을 할 때 이야기의 내용에 맞게 청자가 몸으로 표현을 해 보는 것이다(Ray & Seely, 2008). 예를 들어, 교사가 "The lion was eating some food."라고 말할 때 학생들은 사자가 음식을 먹는 모습을 몸으로 표현해 볼 수 있다. 셋째, 이야기의 생동감을 주기 위해서 애드리브(ad lib)을 적극 활용한다. 화자의 즉흥적인 발화가 청자에게는 좀더 흥미진진한 이야기로 전해질 수 있을 것이다. 예를 들어, 이야기의 대본에는 "I was singing and dancing."이라고 되어 있는데, 교사가 "I was singing and dancing like BTS."라고 애드리브를 추가할 수 있을 것이다.

지도상 유의점

- 스토리텔링은 선생님이 학생에게, 학생이 학생에게 들려주는 식으로 다양하게 시도할 수 있다. 이때 한 학급 내에서만 지도하는 것이 아니라 학급을 벗어나 다른 학년과 연계하여 지도할 수 있을 것이다. 예를 들어, 6학년 학생과 4학년 학생을 짝을 지어서 고학년 학생이 후배 학생에게 스토리텔링을 해 주도록 할 수 있을 것이다.
- 학생들의 집중력 시간을 고려하여 10분 이상을 넘기지 않도록 한다.

2 Model Lesson

학습목표:	이야기를 듣고 내용에 맞게 몸으로 표현할 수 있다.
대상학년:	3~4학년
준비물:	책 표지 그림, 그림 그리는 도구, 도화지
이야기:	Hansel and Gretel
학습조직:	전체

T: Okay, it's time for storytelling. Please come close to me.

Ss: (학생들이 선생님 곁으로 모여 든다.)

책의 표지 그림을 보면서 이야 기 내용을 추측하게 해요. 이때 전체 학생들이 그림을 잘 볼 수 있도록 Big book을 활용하면 좋아요.

T: (이야기책의 표지 그림을 보여주며) What do you see in the picture?

Ss: 숲이 보여요.

T: What else do you see in the picture?

S1: 저 멀리 집이 보여요

책 표지와 관련된 배경지식을 활성화할 수 있도록 도와줘요.

T: Yes, there is a house. What do you think this story is about?

S2: 집 짓는 이야기인가요?

T: Good try but this story is not about building a house.

S2: Hint, please.

T: Do you need more clues? There are two main characters in the story. Their names are Hansel and Gretel. Now, can you make another guess?

Ss: 헨젤과 그레텔에 대한 내용이에요.

T: That's right. I am going to tell you a story of Hansel and Gretel in English. Are you familiar with this story?

Ss: Yes.

T: Good. Hansel and Gretel, are they friends?

S1: No, brother and sister.

T: Yes. Hansel is Gretel's brother. Who do they live with?

S2: Father, mother.

T: That's right. They live with their father and stepmother. Is the stepmother kind to Hansel and Gretel?

Ss: No.

T: Poor Hansel and Gretel. The stepmother did not like Hansel and Gretel. So what happened?

S3: 숲속에다 헨젤과 그레텔을 버려요.

T: You're right. The stepmother took Hansel and Gretel to the forest. It was her plan to leave the children behind in the forest. Okay, I am going to tell you the whole story in English. But you have to help me. When you hear the word 'walk,' please walk like Hansel and Gretel. Can you do that?

학생들이 'walk'라는 동사를 들을 때 '걷는 동작'을 하게 함으로써 TPR 스토리텔링을 시도해 볼 수 있어요.

Ss: Yes.

T: (손으로 집모양을 그리며) There was a house in the forest. (헨젤과 그레텔의 손인형을 보여주며) Hansel and Gretel lived there with their father and stepmother....

(선생님이 헨젤과 그레텔의 이야기를 영어로 들려주고, 학생들은 'walk'라는 단어가 들릴때마다 걷는 동작을 한다.)

T: Good. I will tell you the story one more time. This time, you will act out when you hear the words 'walk' and 'hungry.'

이야기를 두번째 들려주는 것이라면, 앞에 한번 들려주는 동작이 제시되어야 할 것 같아요.

S4: Hungry?

T: Yes, hungry. Hansel and Gretel were hungry all the time because there was not much food to eat in the house. How can you act out the word 'hungry?'

Ss: (학생들이 배를 움켜 잡으며 배고픈 시늉을 한다.)

T: Very good. Now, are you ready? Here we go.

(헨젤과 그레텔의 이야기를 또 한번 들려준다.)

It's winter. There is no food in the house. (배고픈 시늉을 하며) The father was hungry. The stepmother was hungry. Hansel was

선생님도 'walk'라는 단어가 나올 때 걷는 동작을 크게 하면서 학생들과 같이 TPR 스토리텔링을 하면 좋아요.

hungry. Gretel was hungry… (걷는 동작을 하며) They walked to the forest.

Ss: (학생들이 이야기를 들으며 'walk'와 'hungry'라는 단어를 들었을 때 그에 맞는 동작을 한다.)

(중략)

T: Did you enjoy the story?

Ss: Yes.

T: What happened in the forest?

Ss: (각자 대답한다.)

T: How did Hansel and Gretel go back to their house?

Ss: 돌을 보고 찾아갔어요.

이야기를 두 번째 들려줄 때는 이야기의 내용을 조금 바꿔서 학생들이 흥미를 유지하고 들을 수 있도록 도와줘요.

(중략)

T: Now, I will change one part of the story. Listen carefully and find out what is changed in the story. Again, please act out walking when you hear the word 'walk.' Are you ready?

Ss: Yes.

T: (선생님이 헨젤과 그레텔의 내용을 한번 더 들려준다. 이때 마지막 부분의 내용을 바꾸어서 들려준다.) One day, Hansel and Gretel went to the forest with their stepmother.... They lived happily ever after. That's the end of the story. Can you tell me which part is changed?

이야기를 들려주고 나서 학생들에게 간단한 질문을 함으로써 이야기 내용을 이해했는지 점검할 수 있어요.

S3: 헨젤이 숲에 갈 때 돌을 가져 가지 않았어요.

T: That's right. What did he take instead?

S4: Pe..Pepe…Paper

이야기를 듣고 관련 내용에 대한 그리기를 함으로써 스토리텔링과 듣고 그리기 활동(Listen and draw)을 접목할 수 있어요.

T: Yes, He took paper instead. Good job. This time, you change a part of the story and draw a picture of it.

Ss: (학생들이 이야기의 내용을 바꾸어 그림을 그린다.)

3 Task

• 다음의 이야기를 활용하여 3~4학년 학생들의 수준에 맞게 스토리텔링 하는 수업을 구상해 보세요.

대상학년군:	3~4학년군

⟨Title⟩ City Mouse and Country Mouse

City Mouse eats cheese.

Country Mouse eats seeds.

City Mouse sleeps in a box.

Country Mouse sleeps in a nest.

City Mouse ran from the cat.

Country Mouse ran from the owl.

"Let's trade places!" said City Mouse.

"Let's trade places!" said Country Mouse.

Country Mouse didn't like cheese.

City Mouse didn't like seeds.

Country Mouse didn't like to sleep in a box.

City Mouse didn't like to sleep in a nest.

Country Mouse ran from the cat.

City Mouse ran from the owl.

"Let's trade places!"

(Williams, R. L. ,1994)

Classroom English

어휘를 지도할 때 활용할 수 있는 교사 발문이나 지시문을 정리하면 수업에서 유용하게 활용할 수 있다.

Categories	Teacher Talk
General introduction	• It's storytelling time. • It's time for storytelling. Please come close to me. • I am going to tell you a story about a girl. • The story I am going to tell is about a boy.
Making a guess	• What do you think this story is about? • What do you think will happen in this story? • Who can make a guess about this story? • Use your imagination. • It's possible. It's an interesting guess. • Your guess was right. • Was your guess right?
Using visual aids	• Look at this. • Look at this picture. • What do you call this in the picture? • Can you guess the story through the picture? • Let's guess the story by looking at the picture.
Post-storytelling activity	• Do you like the story? What part do you like the best? • Tell me how you felt after listening to the story. • What do you think this story is trying to teach us? • Was it touching? • If you were the writer, how would you end the story? • Would you like to draw a picture of your favorite part?

16장 문화
(Culture)

 이론적 배경

정의

    문화란 한 집단 구성원들이 공유하고 축적한 삶의 모습으로, 한 사회의 공유된 행동 패턴이자 상호 간의 이해체계라고 할 수 있다(Brooks, 1964; Geertz, 1973; Mead, 1934; Rivers, 1981). 문화를 분류하는 방법에는 여러가지가 있으나 대표적으로 Brooks(1975)는 문화를 크게 '인간 생활의 모든 것(everything in human life)'을 포함하는 문화와 '인간 생활의 최상의 것(best of everything in human life)'을 포함하는 문화라는 두 가지 개념으로 정의한다. 전자는 little c 문화로, 일상생활에서 나타나는 사회 구성원들의 전반적인 행동과 언어적인 행동, 태도, 신념, 가치, 사고방식 등을 포함하는 보다 추상적인 개념이다. 후자는 big C 문화로, 문화, 음악, 무용, 건축, 예술 작품 등 해당 문화를 대표하는 구체적인 산물을 모아 놓은 것이다. 1960년대 이전에는 문화의 형식적인 면(big C)을 강조해왔으나, 그 후 의사소통의 기능이 강조됨에 따라 little c에 대한 이해가 문화 학습의 중요한 목표로 자리잡았다. 언어에는 그 언어를 사용하는 구성원들이 가지는 사고방식과 가치체계 등이 반영되어 있고, 이는 그 문화와 언어를 이해하는 데 중요하므로 little c의 중요성이 강조되는 것이다.

> Most definitions of culture distinguish between capital-C *Culture* and small-c
> *culture*. The former refers to those highly valued activities and artefacts related
> to the arts, as in the term *Ministry of Culture*. The latter refers to the beliefs,

values, traditions, and practices shared by a particular community, as in the expression *people of different cultures*. It is in terms of this latter sense that questions about the role of culture in language teaching are generally framed, such as: What is the relation between language and culture, and to what extent do languages express cultural values? It is generally recognized that languages are a mix of universal concepts and others that are more culturally specific. It is the presence of the latter that explains why speakers of one language may perceive the world and remember events differently from speakers of another language.

(Thornbury, 2006, p. 59)

필요성

문화는 언어와 밀접한 관계에 있기 때문에 외국어 학습자의 의사소통능력을 향상시키기 위해서는 문화적인 측면의 지도를 고려해야 한다. 특히 서로 다른 문화권 화자 간의 의사소통수단으로 세계 공용어인 영어가 많이 활용되면서 문화 간 의사소통능력이 중요하게 부각되고 있다. Byram(1997)은 문화 간 의사소통능력의 구성요소를 태도(attitude), 지식(knowledge), 해석기술(skills of interpreting), 발견과 상호작용기술(skills of discovery and interaction)로 제시하였다. 태도는 타 문화에 대해 호기심을 가지고 개방적으로 받아들이는 것이며, 지식은 다른 사회 집단이나 문화권 사람들의 문화적 양식, 산물, 가치 등에 대해 알아가는 것이다. 해석기술은 자신의 지식을 활용하여 타 문화의 텍스트나 문서 등을 사회적 맥락 속에서 이해하고 해석하는 능력이다. 발견과 상호작용기술 능력은 상호작용을 통해 타 문화의 주요 현상을 발견하고 의미를 부여할 수 있는 것을 말한다.

이처럼 세계 공용어로서의 영어와 문화 간 의사소통능력의 중요성을 고려할 때 영미 문화권 뿐만 아니라 세계 문화를 이해하고 소통하는 맥락을 고려해 문화 지도를 할 필요가 있다. 이때 구체적인 문화 산물인 big C는 문화 교육에서 활용하여 학습자들의 흥미를 이끌어낼 수 있다. 그리고 little c의 경우는 상대적으로 가시성과 명시성이 낮을 수 있지만 언어 사용 및 의사소통 패턴에 큰 영향을 주므로 언어 학습에서 유념하여 다룰 필요가 있다.

교육과정 및 교과서 관련성

교육과정의 '성격'에서는 "학교 영어 교육은 영어 의사소통능력을 갖추고 세계인과 소통하며, 그들의 문화를 알고 우리 문화를 세계로 확장시켜 나갈 사람을 길러야 한다."고 언급하면서(교육부, 2015, p. 3) 문화 교육의 중요성을 강조하고 있다. 영어과 핵심역량 중에서 '공동체 역량'의 경우 "배려와 관용, 대인 관계 능력, 문화 정체성, 언어 및 문화적 다양성에 대한 이해 및 포용 능력을 포함한다"고 명시하여(p. 4), 세계 공동체의 일원으로서 다양한 언어적·문화적 배경을 가진 사람들과 교류하는 데 문화에 대한 이해가 필수적인 요소임을 밝히고 있다.

영어 교과의 '목표'에서도 "외국 문화의 올바른 이해를 바탕으로 한국 문화의 가치를 알고 상호적인 가치 인식을 통해서 국제적 안목과 세계 시민으로서의 기본 예절, 협동심 및 소양을 기르는 것역시 영어 교과의 목표"임을 밝히고(교육부, 2015, p. 5), 세부적인 목표도 "국제 사회 문화 이해, 다문화 이해, 국제 사회 이해 능력과 포용적인 태도를 기르고"로 명시하고 있다(p. 5). 초등학교 영어에서도 "영어 학습을 통해 외국의 문화를 이해한다."로 문화적 측면의 목표를 진술하고 있다.

교육과정의 언어 자료에 '문화'가 포함되어 있으며, 학교급별로 수준을 달리하여 제시하고 있다. 초등학교급에서는 타 문화 이해, 중학교에서는 타 문화 이해 및 우리 문화 소개, 고등학교에서는 다양한 문화 이해 및 존중을 문화 지도의 요소로 제시하고 있다.

'성취기준' 자체에는 '문화'라는 용어가 명시적으로 사용되고 있지 않지만 '성취기준 해설'에서 문화 요소를 예로 들어 다음과 같이 설명하고 있다. 의사소통기능(물건사기와 음식주문하기)을 영어 및 타 문화권 문화요소(영어/타 문화권 화폐 종류 소개)와 관련지어 학습하도록 하고 있다.

> '[6영02-07] 일상생활 속의 친숙한 주제에 관해 간단히 묻거나 답할 수 있다.'는 3~4학년군 말하기의 성취기준이 상향 조정된 것으로 예를 들면 물건 사기와 음식 주문하기 등 일상생활에서 빈번하게 쓰이는 표현을 적절하게 사용할 수 있는 수준이다. 물건 사기와 음식을 주문하는 표현과 함께 영어 문화권과 타 문화권 화폐의 종류를 소개하는 활동 등 관련된 문화 학습도 할 수 있으며 맥락 속에서 적절하게 묻고 답할 수 있는 수준을 말한다. (교육부, 2015, p. 25)

교과서에서는 문화 요소를 각 학년군에서 별도 코너로 제시하고, 단원의 의사소통기능이나 주제 및 소재와 관련이 있는 문화 요소를 다루고 있다. 가령, 예시 1과 2에서는 'Hello, World!'라는 코너에서 이름을 묻고 답하는 의사소통기능과 관련하여 우리나라와 영어권 나라에서의 성과 이름의 순서 차이를 비교해 보는 활동을 하고 있다. 예시 3과 4에서는 가격을 묻고 답하는 의사소통기능과 연관지어 타 문화권의 화폐에 대해 소개하고 있다.

Hello, World! 성과 이름의 순서 차이

우리나라 / 영어권 나라(미국, 영국, 호주 등)

예시 1. 동아 4학년 교과서 12쪽

Hello, World! 3 min.

▶ CD-ROM으로 애니메이션을 보며 성과 이름의 순서 차이를 소개한다.
① Let's watch the animation clip.
① Do you know the difference between Korean names and American names?
▶ 일본의 성과 이름의 순서를 인터넷으로 검색하게 한다.
① Let's search the Internet to find out the order of first and last names in Japan.
[검색 결과] 일본의 성과 이름의 순서: 성을 먼저 쓰고 이름을 나중에 쓴다.
[참고 사이트] 주대한민국일본국대사관(http://www.kr.emb-japan.go.jp/)〉일본정보〉기본정보〉문화〉일본어〉이름(4쪽)

Culture Note

성과 이름의 순서 차이
중국, 일본 등 한자 문화권 나라에서는 우리나라처럼 성을 먼저 말하고 이름을 나중에 말한다. 반면에 미국, 영국, 호주, 캐나다 등 세계 대부분의 영어권 나라에서는 이름을 먼저 말하고 성을 나중에 말한다. 영어권 나라에서 이름은 "first name", "given name", 성은 "last name", "family name"이라고 한다.

예시 2. 동아 4학년 지도서 79쪽

Hello, World! 세계의 다양한 화폐 단위

미국의 달러 / 중국의 위안 / 영국의 파운드

더 찾아보기 🔍 예) 유럽 연합의 유로   YOU _____ ▼

예시 3. 동아 5학년 교과서 124쪽

예시 4. 동아 5학년 지도서 331쪽

지도 방법 및 활동 유형

교수·학습의 관점에서 big C는 구체적인 산물이 있으므로 보다 명료하여 접근하기가 쉽다. 이는 언어 및 문화 지도에 활용하여 언어와 문화에 대한 관심과 흥미를 높이는 데 활용할 수 있다. Little c의 지도는 학생들의 영어 혹은 타 문화에 대한 기본적인 지식을 바탕으로 하여 언어 표현 및 의사소통 기능과 관련지어 가르치는 것이 좋다. 비언어적 의사소통도 문화별로 다른 경우가 있으므로, 언어적 의사소통 이외에도 비언어적 의사소통(제스처, 표정, 몸동작 등)의 측면도 고려하여 교수할 필요가 있다.

문화를 지도하는 방안으로 문화캡슐(culture capsule: Knop, 1976; Taylor & Sorenson, 1961)과 문화동화법(culture assimilator: Fiedler, Mitchell & Triandis, 1971; Knop, 1976)을 비롯해 다양한 방법들이 제안되었는데, 이를 학생들의 수준과 흥미를 고려하고 의사소통기능과 연관지어 활용할 수 있다.

- 문화캡슐(culture capsule)은 목표 문화와 자국 문화간 차이에 대한 짧은 글을 그림과 슬라이드 등의 시각자료와 함께 제공하여 발표, 질문, 토론을 하도록 한다. 문화를 캡슐(작은 용기)에 담은 것처럼 매 수업시간에 다룰 수 있다고 본다. 가령, 교사나 선후배에 대한 호칭, 성과 이름의 순서 등에 대해 문화캡슐 활동을 통해 알아볼 수 있다.
- 문화동화법(culture assimilator)은 특정 상황에 대해 문화가 다른 화자들이 가지는 해석이 달라 발생할 수 있는 갈등 혹은 오해 상황이나 에피소드가 제시되고, 그에 대

한 답을 선택지에서 골라보는 활동을 통해 서로 다른 문화권의 화자들이 가지는 관점의 차이를 살펴볼 수 있다. 예를 들어, 아이콘택(eye contact)에 대한 문화적인 차이를 문화동화법을 통해 알아볼 수 있다.

- 문화 TPR은 목표 문화의 특정 상황을 몸짓, 무언극, 얼굴 표정 등으로 표현하는 교사 행동을 주의깊게 관찰한 후 따라 하거나, 교사나 시청각 자료의 지시를 듣고 그에 따라 행동함으로써 목표 문화를 학습하는 활동이다. 실례로 각 문화권의 테이블 매너 등에 대해 실습하면서 문화 간 차이를 이해할 수 있다.

- 신문, 잡지, 서적, 동영상 등의 실제적인 자료(authentic material)를 활용하여 특정 문화에 대한 이해를 높일 수 있다. 또한 극화활동(drama), 역할극(role play) 등을 활용해 특정 문화 요소에 대해 이해하고 표현하는 활동을 할 수 있다.

- 문화를 지도할 때 동영상, 그림, 동화(예: 다문화 동화) 등 시각적인 자료를 활용할 수 있다. 학생들의 흥미를 끌 수 있고 다양한 감각을 활용하여 타 문화에 대한 이해를 높일 수 있으며, 이를 의사소통기능과 연관지어 지도할 수 있다.

지도상 유의점

- 문화 지도 시, 학생들에게 문화 간 특성 및 차이를 주로 제시하거나 설명하고 있는데, 가능한 경우 학생들에게 간접 체험의 기회를 제공하는 것이 좋다. 예를 들어, 각국 인사말을 배웠다면 간단한 소개 활동도 함께 해 볼 수 있다.

- 영미권 문화에 치우치기보다는 세계의 여러 문화를 고려하여 문화 지도에 활용할 필요가 있다.

- 문화권별로 비교하여 우열을 가리기보다는 다름을 이해하고 다양성을 수용하는 자세를 기르도록 지도한다.

- 문화 유형이 다양하므로 언어적인 학습목표를 고려하여 적절하게 선별하고 지도해야 한다.

- 다른 문화를 설명할 때 정형화된 이미지(stereotype)을 고착화시키지 않도록 한다. 문화적인 고정관념이나 편견은 없는지 점검하면서 문화 관련 내용을 구성하고 실제적인 자료를 수집하고 검토하고 제작하여 수업을 진행할 필요가 있다.

- 유사한 소재나 주제(예: 추수감사절)의 경우도 지역, 문화권 등에 따라 다를 수 있다.

또한 한 지역이나 문화권에 따라서도 시간의 흐름에 따라 내용이 달라질 수 있으므로 문화를 지도할 때는 각종 참고자료(서적, 인터넷, 동영상 등) 및 인적자원(원어민 교사 등)을 활용하여 검토하는 등 정보를 업데이트하여 교수할 필요가 있다.

- 학생들의 언어 및 문화 이해 수준을 고려해 지도할 필요가 있다. 타 교과에서의 학습 등 학생들의 문화 교수학습에 대한 사전 경험을 파악하여 지도할 필요가 있다.
- 문화지도는 언어의 네 가지 기능(듣기, 말하기, 읽기, 쓰기)과 통합하여 지도할 수 있다.

2 Model Lesson

학습목표:	성과 이름 순서에 대한 문화적 차이를 이해하고 사용할 수 있다.
대상학년:	3~4학년
의사소통기능:	A: What's your name?
	B: My name is Sora Kim.
준비물:	PPT 슬라이드, 시청각자료
학습조직:	전체, 짝

T: Hello, everyone. Today, we're going to learn about cultural differences through saying people's names. Also, we will ask and answer our names in different ways. Are you ready?

Ss: Yes.

수업시간에 배운 내용이나 의사소통기능과 연관된 문화요소를 지도해요.

T: In the last lesson, we learned about asking and answering names. Do you remember?

Ss: Yes.

T: How would you ask a person's name?

Ss: What's your name?

T: What's your name? Then how would you answer?

S1: My name is Sora.

S2: I'm Minsu.

T: Good, my name is Sora or I'm Minsu. But when you buy concert tickets, you should say your full name, right?

Ss: Yes.

T: Then what is your name? S1, what is your full name?

S1: My name is Kim Sora.

T: Good. S2, what is your full name?

S2: My name is Minsu Park.

T: Great. Sora said, "My name is Kim Sora." Minsu said, "My name is Minsu Park." In Korean, we say Kim Sora (김소라) and Park Minsu (박민수), but in English we usually say Sora Kim and Minsu Park. So what's the difference?

Ss: 이름과 성 순서가 달라요.

T: That's right. In Korean, 성 or family name comes first, and then 이름 or given name comes next. In English, given name comes first. Let's take a look at the table on the board.

문화적인 지식은 실례를 중심으로 시각자료를 활용하여 설명하면 더 효과적이에요.

I'm My name is	Sora Matt	Kim Baker
	First name Given name	Last name Family name

What is your name?

My name is Sora Kim.

문화적인 지식을 배운 후에는 실제적인 대화 속에서 이를 활용할 수 있도록 해요.

What is your name?

My name is Matt Baker.

T: In English, if we hear Matt Baker, what is 이름 or the given name?

Ss: Matt.

T: Matt is the given name. Then what is 성 or the family name?

Ss: Baker.

T: Baker is the family name. So which one comes first, family name or given name?

Ss: Given name.

T: That's right. In which countries do people say their names like us (or like we do)?

영어시간에 다루는 문화는 영미 문화뿐만 아니라 다른 문화권의 문화도 포함돼요.

Ss: China, Japan.

T: Right. Chinese and Japanese people would say the family name first and the given name last. It is the same as our country. Is this clear with you?

Ss: Yes.

T: Great. Let's practice a little bit.

Ss: Okay.

T: Let me ask you in Korean first. (S3를 향해서) 너 이름이 뭐니?

S3: 저는 이진우예요.

T: This time I'll ask in English. What's your name?

S3: My name is Jinwoo Lee.

학습한 내용을 활용하여 짝과 ······ **T:** Great. Now let's practice in pairs.
대화하는 연습을 해요.

③ Task

• 아래 어휘 및 표현을 활용하여 세계의 특별한 날에 대해 시각자료를 활용해 소개해보는 수업 장면을 구성해 보세요.

대상학년:	5~6학년
의사소통기능:	A: When is Thanksgiving Day?
	B: It's November 26th this year.
	(It's fourth Thursday in November every year in the States.)

세계의 특별한 날

• Saint Patrick's Day

• Red Nose Day

• Halloween

Classroom English

Categories	Teacher talk
Presenting lesson objectives	• Today we are going to learn about how to ask and answer people's names in different cultures. • We will learn about various vehicles from other countries and talk about them.
Checking comprehension	• What kind of bills were used in the animation? • What vehicle do the children use in the pictures? • What food did Tao order at a food truck in Look and Say?
Checking prior knowledge/ experience	• When you measure the length of something, what do you say? • What other unit of measurement do we use in Korea? • What kind of health habits do we have in our country? • Look at the pictures. Have you eaten any of these foods before? • Do you know any special vehicles from other countries?
Presenting cultural knowledge	• In Korea, we use "won." In the U.S., they use "dollar." • In English-speaking countries, the given name comes first, and the family name comes last.
Using materials	• Let's watch the animation clip and learn about various vehicles from around the world. • Let's watch the video clip and learn about money from around the world. • Let's look at the pictures and learn about the street food from other countries. • Let's look at the picture cards and learn about the units of measurement in western countries. • All these pictures represent aspects of American culture. • Using these pictures, you can learn about British pop culture.
Having group discussion	• I'd like you to talk about the pictures in groups. • Let's talk about the differences and similarities between the two cultures. • After 10 minutes, you will report what your group talked about regarding these pictures.

Finding more information	• Let's search the Internet for the health habits of other countries. • Let's look at more books to know about the official money of other countries. • Let's find more information about the street food from other countries.

17장 내용중심 교수법
(Content-based Instruction)

① 이론적 배경

정의

내용중심 교수법(Content-based Instruction,이하 CBI)은 사회, 과학 등 타 교과의 내용 학습과 언어 학습을 통합한 학습 형태로, 관련된 개념으로 캐나다의 몰입교육(Immersion program), 영국의 LAC(Language Across the Curriculum), 홍콩 EMI(English Medium Instruction), 유럽의 CLIL(Content and Language Integrated Learning) 등을 포함한다. CBI 가 여러 용어로 불리는 것은 각 나라의 사회적, 교육적 맥락에 따라 다양한 형태의 내용중심 교수가 이루어지고 있음을 말해준다. 내용 지도와 언어 지도 중 그 강조점을 어디에 두느냐에 따라서 지도의 형태가 다른데, Macaro(2018)는 다양한 영어 프로그램의 형태를 아래 그림과 같은 연속선상에서 제시하였다.

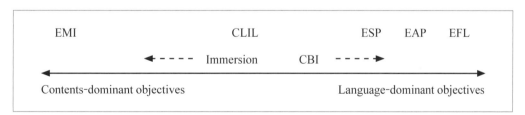

[그림 1] English L2 classrooms around the world: a continnum?
(Macaro, 2018, p.47/e-book)

Macaro가 제시한 이 그림은 내용중심의 목표와 언어 중심의 목표를 양 축으로 하였는데, 내용에 중심을 둔 교수는 주로 내용 교과 전공자(content specialist)가 가르치고, 언어에 중심을 둔 교수는 교사가 언어 전공자(language specialist)인 경우가 많다. 왼쪽 끝의 EMI는 대학에서 전공과목을 영어로 강의하는 경우에 해당하며, 반대쪽 끝의 EFL은 외국어로 영어를 배우는 우리나라와 같은 상황에서의 초·중·고 영어 수업을 가리킨다. EMI의 경우 아직까지 우리나라에서는 보편적으로 널리 활용되는 형태는 아니다. EMI에서는 내용을 지도하기 위해 영어를 수단으로 사용하는 반면, EFL에서는 영어 자체를 가르치기 위해 타 교과의 내용을 소재로 이용한다.

CBI에서 내용이란, 협의의 의미로는 학교에서 배우는 교과목(subject)를 지칭하지만, 광의의 의미로는 학생들의 흥미를 끄는 주제나 소재 범위를 폭넓게 지칭한다(노경희, 2015). 초등영어 수업에서는 교과목을 영어로 가르치는 EMI는 실행이 어려울 수 있으며, 다른 교과목의 주제나 소재를 활용하는 주제중심 교수법(Theme-based Instruction)이나 토픽중심 교수법(Topic-based Instruction)으로 주로 시행할 수 있다.

필요성

타 교과를 통한 언어 지도는 여러가지 학습 효과가 있다. 첫째, 학습에 대한 학생들의 흥미와 호기심을 유발할 수 있다는 점이다. 언어적인 부분만 고려해서 지도 내용이 선정된다면 학생들의 인지적인 수준에 맞지 않을 수 있다. 초등학교 6학년이 3학년이 배울만한 주제나 소재를 가지고 영어를 배운다면 학습에 흥미를 느끼기보다는 학습 내용이 너무 쉽다고 생각할 것이다. 그런데 영어를 다른 교과와 결합해서 지도하면 언어적인 지도뿐만 아니라 학생들의 인지적인 수준까지 고려하게 되므로 학생들이 학습 내용에 좀더 흥미를 가질 수 있게 된다. 둘째, 신체 활동 및 조작 활동이 많은 교과와 통합할 경우, 언어에 자신감이 없는 학생도 적극적으로 활동에 참여할 수 있다. 예를 들어, 영어와 미술교과를 통합할 경우 학생들이 흥미를 느끼는 미술활동에 영어로 참여함으로써 단순히 영어만 공부할 때보다 영어 학습에 더 흥미를 느끼게 되고, 높은 참여도를 보이게 된다(배지영, 우길주, 2009). 셋째, 영어에 대한 노출을 늘리고, 다양한 맥락에서 언어 학습을 할 수 있는 기회를 제공한다. CBI를 통해서 유의미한 상황에서 지속적으로 언어에 노출될 수 있는 풍부한 언어환경을 제공할 수 있고(Grabe & Stoller, 1997), 실제적인 의사소통을 경험하도록 해 준다(Widdowson, 1978).

교육과정과 교과서 관련성

교육과정에서는 영어를 의사소통을 위한 수단으로 보고 있다. 그런데 일상생활에서 영어를 거의 사용하지 않는 우리나라 같은 상황에서 영어를 의사소통의 수단으로 보는 것은 쉽지 않은 일이다. EMI 형태에서는 영어라는 언어가 목적 자체가 되기보다는 타 교과를 학습하기 위한 수단이 되면서 교육과정에 제시된 영어의 성격을 좀더 잘 구현할 수 있을 것으로 보인다. 하지만 우리나라 현실에서는 아직까지 쉽지 않은 측면이 있으므로 타 교과의 주제나 소재를 영어에 융합하는 것이 보다 실제적이다. 이에 2015 개정 교육과정에서도 '창의융합'을 지향하고 있다. 구체적으로 교육과정에 다양한 소재를 명시함으로써 듣기나 읽기 자료에 적극 반영하도록 하고 있다. 예를 들면 별표의 소재에서는 '취미, 오락, 여행, 건강, 운동 등 여가 선용에 관한 내용'이나 '동·식물 또는 계절, 날씨 등 자연 현상에 관한 내용' 등의 다양한 타 교과 소재를 활용하도록 제시하고 있다.

영어 교과서에도 수업에서 교과를 통합할 수 있는 아이디어가 제시되고 있다. 예시 1은 천재 교과서 6학년 7~8단원 후에 제시된 학습으로 영어 교과와 사회 교과를 통합하여 나라의 크기나 탑의 높이를 비교하도록 하고 있다. 이는 8단원의 언어 학습 내용이 대상 비교하기에 관한 것임을 고려할 때, 목표 언어 형식을 학습한 후 학생들이 다른 교과의 내용을 활용하여 유의미하게 비교급을 사용할 수 있도록 구성한 것이다. 예시 2에서는 과학 교과의 내용을 소재로 읽기 텍스트를 구성하여 제시하고 있다.

예시 1. 천재 6학년 교과서 135쪽

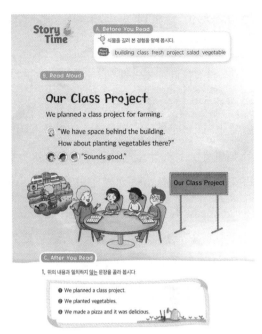

예시 2. YBM(김) 6학년 교과서 50쪽

천재 교과서에서는 두 단원이 끝날 때마다 타 교과 내용과 통합한 코너를 제시하고 있는데, 표 1은 3학년부터 6학년까지 영어와 타 교과를 통합한 예이다.

〈표 1〉 천재 3~6학년 교과서 단원별 교과통합

단원	3학년	4학년	5학년	6학년
1~2단원	〈영어+미술〉 양초그림 그리기	〈영어+체육〉 우리 반 운동 팀 꾸리기	〈영어+체육〉 주말 여가 활동을 계획해 봐요.	〈영어+실과〉 감기 예방 포스터 만들기
3~4단원	〈영어+사회〉 나라마다 다른 몸짓 언어	〈영어+미술〉 재미있는 그림 글자를 만들어 봐요!	〈영어+실과〉 두 가지 기능이 더해진 새로운 물건을 만들어요.	〈영어+과학〉 코딩 로봇, 길을 찾아라!
5~6단원	〈영어+수학〉 각과 직각 찾기	〈영어+과학〉 위치에 따라 에너지가 달라요!	〈영어+사회〉 다른 나라 친구들의 여름 방학 생활은 어떨까요?	〈영어+수학〉 백분율로 나타내기
7~8단원	〈영어+과학〉 동물 모양 별자리	〈영어+미술〉 내 물건의 마크 만들기	〈영어+실과〉 용돈 기입장을 써요.	〈영어+사회〉 크기와 높이를 비교해 봐요.

9~10단원	〈영어+과학〉 동물 분류하기	〈영어+과학〉 그림자 놀이	〈영어+미술〉 작품 속 물건을 말해 봐요.	〈영어+사회〉 우리나라의 역사적 인물을 만나 봐요.

동아 출판사에서는 두 단원씩 주제 중심으로 묶어서 총 6개의 주제로 교과서를 구성하였다. 표 2는 동아 교과서의 학년별 단원 목록과 주제이다. 두 단원이 끝날 때마다 제시되는 'Wrap-up'에서는 프로젝트와 스토리 활동을 통해 타 교과와 연계된 통합학습을 보여준다.

〈표 2〉 동아 교과서 3~6학년 주제 목록

3학년	4학년	5학년	6학년
Theme 1 **School**	**Theme 1** **You and I**	**Theme 1** **About Me**	**Theme 1** **Making Friends**
Lesson 1 Hello, I'm Jimin	Lesson 1 My Name Is Cindy	Lesson 1 I'm from Canada	Lesson 1 I'm in the Sixth Grade
Lesson 2 What's This?	Lesson 2 How Are You?	Lesson 2 My Favorite Subject is Math	Lesson 2 Why Are You Excited?
Wrap-up 1	Wrap-up 1	Wrap-up 1	Wrap-up 1
Theme 2 **Animals**	**Theme 2** **Do's and Don'ts**	**Theme 2** **Helping Others**	**Theme 2** **Healthy Life**
Lesson 3 Sit Down, Please	Lesson 3 Don't Push, Please	Lesson 3 Can I borrow Your Scissors?	Lesson 3 I have a Stomachache
Lesson 4 Is It a Bear?	Lesson 4 What Time is it?	Lesson 4 Whose Cap is This?	Lesson 4 How Often Do You Wash Your Hands?
Wrap-up 2	Wrap-up 2	Wrap-up 2	Wrap-up 2
Theme 3 **Food**	**Theme 3** **Creative Ideas**	**Theme 3** **Exciting Time**	**Theme 3** **Fun Together**
Lesson 5 I Like Pizza	Lesson 5 I'm Cooking	Lesson 5 Let's Go Camping	Lesson 5 When is Your Birthday?
Lesson 6 How Many Carrots?	Lesson 6 It's on the Desk	Lesson 6 I Want to Go to the Beach	Lesson 6 I'll Go on a Trip

Wrap-up 3	Wrap-up 3	Wrap-up 3	Wrap-up 3
Theme 4 **Sports**	**Theme 4** **Play Time**	**Theme 4** **My Day**	**Theme 4** **Happy Trips**
Lesson 7 I Can Swim	Lesson 7 Let's Play Soccer	Lesson 7 How Was Your Vacation?	Lesson 7 It's Next to the Post Office
Lesson 8 Do You Have a Bike?	Lesson 8 Yes, It's Mine	Lesson 8 I Got Up at 6	Lesson 8 I'd Like Noodles
Wrap-up 4	Wrap-up 4	Wrap-up 4	Wrap-up 4
Theme 5 **Family**	**Theme 5** **Neighbors**	**Theme 5** **Smart Life**	**Theme 5** **Interesting Facts**
Lesson 9 I'm Happy	Lesson 9 I Want a T-shirt	Lesson 9 How Much is it?	Lesson 9 I'm Stronger Than Junho
Lesson 10 She's My Mom	Lesson 10 Can You Help Me?	Lesson 10 Where's the Library?	Lesson 10 Do You Know Anything About Romeo and Juliet?
Wrap-up 5	Wrap-up 5	Wrap-up 5	Wrap-up 5
Theme 6 **Nature**	**Theme 6** **Special Days**	**Theme 6** **Community**	**Theme 6** **A Better Future**
Lesson 11 What Color is it?	Lesson 11 It's Sunday	Lesson 11 She Has Long Curly Hair	Lesson 11 We can Plant Trees
Lesson 12 How's the Weather?	Lesson 12 I Clean the Park	Lesson 12 He's a Singer	Lesson 12 I Want to Be a Panter
Wrap-up 6	Wrap-up 6	Wrap-up 6	Wrap-up 6

지도 방법

타 교과와 영어 교과의 연계 융합을 위해서는 타 교과의 어떠한 주제와 소재를 가져 올 것인지, 이를 영어 수업의 내용과 활동에 어떻게 반영할 것인지 등을 결정하는 것이 필요하다. 언어와 내용을 통합하는 수업은 주제, 내용 선정, 활동 구성, 활동 지도라는 네 단계에 따라 계획할 수 있다.

1) 주제 선정은 학생들에게 흥미로운 주제를 선정하며, 추상적이고 전문적인 것보다는

학생들의 실생활과 관련된 것(김현진, 1999), 타 교과에서도 중요한 주제를 선정하도록 한다(Ackerman,1990). 주제 선정을 위해서는 타 교과의 내용을 살펴볼 수 있는데, 교과 간 연계·융합 양상을 분석한 권점례 외 4인(2017)은 영어과는 국어, 과학, 수학 교과와 가장 많이 연계되고, 사회, 미술과 같은 교과와도 제한적으로 연계된다고 밝혔다. 언어 활동을 통해 몸을 움직이는 전신반응 교수법(TPR)과 같은 활동은 언어와 체육을 연계할 수 있고, 그림이나 실물을 사용하여 하는 활동은 시각적 언어를 다루는 미술과 영어를 연계할 수 있을 것이다.

2) 주제가 결정된 후 그에 맞게 내용을 선정해야 하는데, 이를 위해 Cameron(2001)은 브레인스토밍(brainstorming)과 그물망(web)과 같은 활동을 제시한다. 다음은 Cameron이 제시한 '감자'라는 주제의 자유연상과 그물망의 예이다.

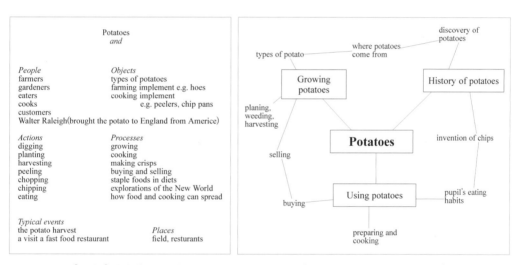

[그림 2] 감자라는 주제의 브레인스토밍과 그물망 예시(Cameron, 2001, pp. 187-188)

Cameron(2001)은 브레인스토밍을 할 때 사람(people), 사물(objects), 행동(actions), 과정(processes), 전형적인 사건(typical events), 장소(places)의 개념을 이용하여 자유연상을 이끌어낼 수 있다고 하며, 브레인스토밍과 그물망 활동을 하는 과정에서 교사는 학생들이 해당 주제에 대해서 알고 있는 것과 모르는 것에 대한 정보를 얻을 수 있다고 하였다.

3) 주제와 내용이 선정된 후 그에 맞는 활동을 구성하는 것이 중요하다. 활동을 구성할 때 영어 수업시간에 지도하고자 하는 의사소통기능과 연계하도록 하는데, 표 3과 같은 예를 생각해 볼 수 있다.

〈표 3〉 언어 통합 활동의 예

학습 주제	의사 소통 기능	활동 내용
환경	We should save the earth.	환경 보호를 위한 포스터 만들기
건강	How often do you brush your teeth?	건강한 생활 습관 수칙 만들기
마을	Where is the post office?	우리 마을 관광 안내문 만들기

4) CBI를 위한 주제, 내용 선정 및 활동이 구성이 되면, 교사는 학생들의 언어 수준을 잘 파악하여 필요한 도움을 주어야 한다. 예를 들면 학생들이 어려워할 수 있는 관련 어휘를 미리 지도하거나, 이해하기 어려워하는 추상적인 개념을 다룰 때는 모국어를 사용하는 등 학생들에게 인지적인 도움을 줄 필요가 있다.

지도상 유의점

- 여러 교과의 내용을 모두 파악하고 연계요소를 추출하는 것은 쉽지 않을 수 있으므로 동료 교사와 협력하여 통합수업을 같이 구성해 보도록 한다.
- 통합수업은 주로 학생들의 인지적인 수준을 고려해서 내용을 선정하므로 자칫하면 학생들의 언어적인 수준이 간과될 수 있다. 학생들에게 인지적으로 적합한 내용을 선정하되 언어적으로 너무 어렵지 않도록 교사가 학생 수준에 맞게 언어를 수정하는 작업을 할 필요가 있다.
- 내용과 언어를 통합하는 학습은 모국어가 아닌 영어로 타 교과를 배우는 것이므로 학생들의 영어 수준이 일정 수준 이상은 되어야 효과가 있을 것이다.

2 Model Lesson

학습목표:	정물화의 배경색과 감정을 연관 지어 이해하고 표현할 수 있다.
의사소통기능:	A: How do you feel?
	B: I am happy.
대상학년:	5~6학년
준비물:	정물화, 인물화, 풍경화
학습조직:	전체 활동

T: Today, we are going to study arts in English. Look at this painting. What do you see in the painting?

Ss: Apples, bananas.

T: Yes, there are fruits in the painting. S1, Is there any movement in the painting?

S1: Movement?

T: Yes, movement like action. Something like dancing, walking…

S1: No dancing.

T: Correct. There is no movement in the painting. We call this kind of painting a 'still life painting.' Repeat after me, still life painting.

Ss: Still life painting.

T: That's good. Do you know what still life painting is in Korean?

학생들의 모국어로 형성된 배경 지식을 적극 활용하도록 해요.

S2: 풍경화?

T: 풍경화 is for scenery. I will show you some more examples of still life painting. (선생님이 정물화 그림을 몇 개 더 보여주며), what do you call this kind of painting in Korean?

S3: 정물화.

T: Yes, 정물화. It's called still life painting. Repeat after me, still life painting.

Ss: Still life painting.

<table>
<tr><td>영어로 소개된 '정물화'의 개념을 정확히 이해시키기 위해서 분류하는 활동을 해요.</td><td>……</td><td>**T:** (정물화 1점과 인물화 2점을 보여 주며) There are three paintings here. One of them is a still life painting and the others are not. Can you choose the still life painting among these?</td></tr>
</table>

T: (정물화 1점과 인물화 2점을 보여 주며) There are three paintings here. One of them is a still life painting and the others are not. Can you choose the still life painting among these?

Ss: (정물화를 가리키며) That one.

T: (정물화가 아닌 그림을 가리키며) This one?

Ss: No, not that one.

T: (정물화 그림을 가리키며) This one?

Ss: Yes.

T: That's very good. (정물화 1점과 인물화 3점을 보여주며) Now, there are four paintings. Only one is a still life painting. Which one is the still life painting?

Ss: (정물화 그림을 가리키며) That one.

T: That's right. This is a piece of still life painting. Look at the background color in the painting. Is it a bright color like white or yellow?

Ss: No.

정물화의 배경색을 이용해서 미술 작품의 이해를 도와요.

T: No, it's not. It is dark grey. How do you feel when you see dark grey?

Ss: Sad.

T: Right. It also gets me down to look at dark grey colors. Shall we change the background color?

Ss: How?

T: I have copies of the same painting without the background color. (선생님이 배경색이 칠해지지 않은 정물화를 학생들에게 나눠주며) Choose one copy and pass them to the next.

Ss: (학생들이 배경 색이 칠해지지 않은 정물화를 한 장씩 나눠 갖는다.)

T: You need to color the background to show your feeling at the moment. If you are happy now, you can choose bright colors. But if you are sad, you may choose dark colors.

Ss: Now?

T: Yes, I will give you five minutes to finish it.

(학생들이 자신의 기분에 맞게 정물화의 배경색을 칠한다.)

T: Are you done? Do you need more time?

Ss: We're done!

T: Who wants to come up to the front and share your painting with us?

S4: (손을 들며) Me.

T: Thank you, S4. Please come to the front.

S4: (정물화 그림을 가지고 앞으로 나간다.)

T: Ask S4, "What color is it?"

Ss: What color is it?

S4: It's orange.

T: Good. Ask S4, "How do you feel today?"

Ss: How do you feel today?

S4: I am happy.

T: Now show your painting to your group members. Ask and answer like this.

(학생들은 자신이 그린 그림을 모둠원에게 보여주며 색깔과 기분에 대하여 답한다.)

Student Task

• 다음의 조건을 고려하여 초등학교 6학년 학생을 대상으로 내용□심 영어 수업을 구상해 보세요.

대상학년:	5~6학년군
의사소통기능:	What's your favorite suject?
조건:	• 조사하기(survey) 활동 이후 결과 발표하기
	• 수학의 핵심개념 중 '자료처리'에 해당하는 내용을 영어 교과와 통합해서 지도하기

핵심개념	일반화된 지식	1~2학년	3~4학년	5~6학년	기능
자료 처리	자료의 수집, 분류, 정리, 해석은 통계의 주요 과정이다.	• 분류하기 • 표 • ○, ×, /를 이용한 그래프	• 간단한 그림그래프 • 막대그래프 • 꺾은선그래프	• 평균 • 그림그래프 • 띠그래프, 원그래프	분류하기 (개수) 세기 표만들기 그래프 그리기 표현하기 수집하기 정리하기 해석하기 설명하기 이해하기 활용하기 비교하기 문제 해결하기

④ Classroom English

Categories	Teacher Talk
Teaching music in English	· Shall we learn a new song? · The title of today's song is *Do-re-mi.* · What is this song about? · First, listen to the song. · It goes like this. · Let's sing the song, line by line.
Teaching arts in English	· What colors do you see in the painting? · Name the colors that are repeated. · Do you see any blue in the painting? Where? · What are they doing in the painting? · How many people do you see in the painting? · What do you see on the left side of the painting? · What do you see on the right side of the painting? · Describe the clothing each person is wearing.
Teaching science in English	· Select a plant. · Select a living thing. · Select the two birds below. · What do animals do in the winter? · What do you know about the moon?
Teaching math in English	· Count the balls by 5s. · What shape comes next? · Fill in the missing number. · Which is heavier? · Count the crayons in this group. · Which shape has four equal sides? · What shape is this?

18장 평가
(Assessment)

 ## 1 이론적 배경

정의

언어 평가(Language assessment)는 학습자의 언어 능력 측정을 위해 다양한 방법으로 자료를 수집하고 판단하는 것이다. 관련된 용어로 evaluation(평가), test(검사/시험)가 있는데, 통상적으로 test는 수험자의 언어 능력의 전반적 혹은 일부분을 측정하기 위해 사용하는 구체적인 도구로 중간고사, 기말고사 등과 같은 시험이다. Evaluation은 어떤 결정을 내리기 위해 정보를 모으는 활동으로 언어 프로그램 평가(language program evaluation) 등에서 사용된다. 아래 원문에서 세 가지 용어의 차이를 설명하고 있다.

> Assessment occurs all the time. Assessment is the gathering of information for a specific purpose. When you go to a bookstore and select a book to read, you make an assessment as to which book will provide you with information or pleasure. The process is so automatic that you are probably unaware that assessment is part of it. There are other times when assessment is more conscious, such as making a decision as to which job to take or university to apply to. ... assessment looks at what individuals and groups of learners can do. Evaluation, on the other hand, concerns an entire educational program and not just specific learners and is much wider in scope (Brindley, 2003). Much of the

information you obtain from classroom assessments can, and should be, part of a program evaluation. Then when an English-language program is evaluated, effective changes can be made to improve the overall quality of the classroom.

(Linse, 2006, pp. 138-139)

A test is a method of measuring a person's ability or knowledge in a given domain, with an emphasis on the concept of *method* and *measuring*. Tests are instruments that are (usually) carefully designed, and that have identifiable scoring methods. Tests are prepared administrative procedures that (almost always) occupy specified time periods in which student performance is systematically measured. Assessment, on the other hand, is an ongoing process that encompasses a much wider domain. Whenever a student responds to a question, offers a comment, or tries out a new word or structure, the teacher subconsciously makes an assessment of the student's performance. Written work—from a jotted-down phrase to a formal essay—is performance that ultimately gets assessed by self, require some sort of productive performance that the teacher implicitly judges. A good teacher never ceases to assess students, whether those assessments are incidental or intentional. In this view of these two concepts, tests are subsets of assessment.

(Brown & Lee, 2015. p. 489)

평가가 갖추어야 할 요건으로 타당도(validity)와 신뢰도(reliability)가 중요하다. 타당도는 측정하고자 하는 내용이나 요소를 제대로 평가하고 있는지에 대한 것이다. 말하기 평가를 지필평가의 방식으로 듣기 평가에 포함시켜 간접적인 말하기 평가(예: 대화를 듣고 화자의 마지막 말에 대한 적절한 응답 고르기)를 실시하는 경우는 타당도가 낮다고 할 수 있다. 신뢰도는 평가의 결과가 일관되고 일정하게 나오는지에 대한 것이다. 둘 이상의 채점자에 의한 채점 결과가 유사한 정도(채점자 간 신뢰도: inter-rater reliability), 동일 학습자를 대상으로 일정 기간의 간격을 두고 실시한 두 차례 평가 결과가 일관된 정도(검사·재검사 신뢰도: test-retest reliability)가 높을수록 신뢰도가 높다고 할 수 있다.

필요성

교수학습의 효과를 증대시키기 위해서는 적절한 평가가 병행되어야 한다. 학습이 이루어진 후 지필평가(paper-pencil test) 등의 방법으로 단순히 학생들의 성취 정도를 평가하는 것(assessment of learning)에서 벗어나서, 다양한 평가 방법을 통해 학생들의 능력을 평가하고 그 결과를 학습 능력 향상을 위해 활용하는 것(assessment for learning)이 필요하다.

교수학습 맥락, 학생 수준, 수업 목표에 따라 다양한 평가 방식을 활용할 필요가 있다. 즉 자기평가, 학생 상호 평가, 교사평가 등을 적절하게 활용하는 것이다. 자기평가는 학습자의 상위인지 기능(metacognitive function)과 연관되는 방식으로, 학습자 스스로 자신의 학습이나 수행을 돌아보며 본인의 노력, 기분, 성취도를 평가하는 것이다. 이를 통해 학습자로 하여금 학습에 대한 책임감과 자율성을 갖도록 할 수 있다. 학생 상호 평가의 경우 친구들의 능력을 평가하면서 배우고 자극을 받게 되며 자신의 능력을 보다 객관적이고 세심하게 되돌아보고 발전시키는 계기로 삼을 수 있다.

정리(review) 단계에서는 각 수업에서 학습한 내용을 마무리하며 복습하고 평가(assessment)하는 것이 필요하다. 각 차시, 단원 혹은 한 학기 등 일정한 기간 동안 교수·학습한 내용을 정리하고 이를 적절하게 평가하여 교수·학습에 활용할 필요가 있다.

교육과정과 교과서 관련성

교육과정의 '성격'에서는 "교수·학습 활동과 평가를 유기적으로 연계하여 학습의 효율성을 극대화해야 한다"고 하여 평가의 중요성을 강조하고 있다(교육부, 2015, p. 3). "'평가를 위한 평가'가 아니라 '학습을 위한 평가'가 될 수 있도록" 평가를 교수학습에 활용하도록 하고 있다(교육부, 2015, p. 17). 특히 "교수·학습 활동과 평가가 연계 되도록 하여 학습의 결과뿐만 아니라 과정도 평가되도록 한다."면서 과정 중심 평가를 강조하고 있다(p. 21).

언어 4기능 평가는 '성취기준'에 기반을 두고 시행하도록 하고 있다. 말하기와 쓰기와 같은 표현 기능은 수행평가를 통해 직접 평가하고, 듣기와 읽기와 같은 이해 기능은 수행평가와 지필평가를 병행하여 평가하도록 권장하고 있다. 나아가 '평가 방법 및 유의사항'에서는 "말하기 평가는 실제 의사소통 상황과 유사한 언어 통합적인 평가 과업을 통해 실제적인 의사소통능력을 확인하도록 한다."면서 통합 평가를 실시하도록 하고 있다(교육부, 2015, p. 26).

교육과정에서는 평가의 방법을 다양하게 제시하여, 지필평가 이외에도 수행평가(관찰, 구술, 면접, 시연, 포트폴리오)를 실시하고, 교사평가 이외에도 학생 상호 평가(동료평가), 자기평가 등을 적용하도록 권장하고 있다. 진단평가를 실시하여 학습자들의 수준을 확인한 후 교수·학습 방법에 적용하도록 하고, 학습목표에 따라 형성평가(formative assessment)와 총괄평가(summative assessment)를 적절하게 시행하도록 권장하고 있다. 다음은 교육과정(교육부, 2015)에서 제시된 각종 평가에 대한 설명이다.

개념	설명
수행평가 (performance-based assessment)	말하기 능력을 평가하고자 할 때는 가급적 수행평가를 실시한다. 수행평가는 학습자가 학습한 지식이나 기능을 실제적으로 사용하는 것을 평가한다. 수행평가는 평가의 목표, 평가 유형, 채점 기준을 명확하게 한 후 실시한다. 말하기 성취기준에 근거하여 평가하고자 하는 목표를 설정한 후, 어떤 유형의 평가를 어느 정도의 내용과 수준으로, 어떤 채점 기준을 가지고 할 것인지를 정한 후에 수행평가를 실시한다. (p. 17)
관찰평가	말하기 능력의 평가로 관찰평가를 활용하도록 한다. 무엇을 어떻게 관찰할지에 대한 관찰 내용과 관찰 계획을 수립하여 말하기 능력과 태도의 향상 정도도 점검한다. 효과적인 관찰을 위해 주요 내용을 기술하거나 체크리스트 등의 방법을 활용하며 일관성 있는 관찰을 위해 한 번 이상의 관찰을 하도록 한다. (p. 26)
학생 상호 평가 (peer assessment)	학생 상호 평가는 학습자 스스로와 교사가 관찰하지 못한 학습 활동상의 태도 등의 부분에 보완적인 평가의 기능을 충분히 할 수 있으므로 '인사말을 주고받기'나 '쉽고 간단한 표현으로 묻고 답하기' 등의 평가에 활용한다. (p. 17)
자기평가 (self-assessment)	자기평가는 학습자 자신의 학습에 대해 주의를 기울이고 학습 결과에 대해 스스로 점검함으로써 학습 계획이나 의도에 긍정적인 영향을 주어 차츰 자기 주도적인 학습으로 나아갈 수 있도록 도움을 줄 수 있으므로 '따라 말하기'나 '자기 소개하기' 등의 평가에 활용한다. (p. 17)
진단평가 (diagnostic test)	진단평가를 통해 학습자들의 수준을 확인한 후 교수·학습 방법에 적용하도록 한다. 3~4학년군에서 학습한 말하기 능력이 학습자별, 학급별로 다양한 수준을 나타내므로 학습자의 능력에 대한 정확한 진단이 지도내용을 계획하고 지도방법을 결정하여 효과적인 교수·학습 활동을 하는 데 중요한 역할을 한다. 학년 초와 학기 초, 단원 시작이나 차시 시작 부분에 적절한 진단평가가 실시되도록 한다. (pp. 25-26)
형성평가 (formative assessment)	교수·학습 과정 중에 적절한 형성평가를 활용한다. 수업 시간 중에 학습자에게 교사가 하는 질문에 대한 학습자의 응답, 학습자의 소집단 활동과 짝 활동을 통한 과업 수행 여부에 대한 관찰 등의 형성평가를 통해서 교수·학습 방법이 적절한지 확인하고 교수·학습 방법 개선에 활용한다. (p. 17)

나아가 다음과 같은 점을 영어과의 평가방향으로 제시하고 있다(교육부, 2015, pp. 48-49). 여기에서는 평가의 신뢰도의 중요성, 평가가 교수·학습에 미치는 영향을 환기시키고 있다. 평가 내용의 경우 진정성 있는 언어 사용(authentic language use)과 유의미한 과업(meaningful task)을 포함시키도록 하고 있다.

(15) 평가 문항 제작, 평가의 시행과 채점에 관한 사항을 평가 계획서에 근거하여 점검표로 만들고 각 항목을 하나씩 점검함으로써 적정한 신뢰도를 유지하도록 한다.

(16) 실제로 사용되는 진정성 있는 언어와 유의미한 과업을 평가 내용에 포함시킨다.

(17) 평가의 결과는 차후 평가 계획 수립에 반영하고, 교사의 교수·학습의 개선 및 학습자의 학습 동기 유발 및 개별지도에 활용하도록 한다.

(18) 평가는 영어 학습에 대한 긍정적인 환류 효과를 줄 수 있도록 구안한다.

예시 1에서는 한 단원에서 배운 내용을 점검하는 문항을 제시하고 있으며 이어서 자기평가를 하도록 되어 있다. 그 단원에서 다룬 의사소통기능과 관련하여 듣고 말하고 읽고 쓸 수 있는지를 스스로 평가하고 부족함을 느끼는 경우 학습할 수 있는 교과서의 해당 부분을 명시하고 있다.

- 자기평가

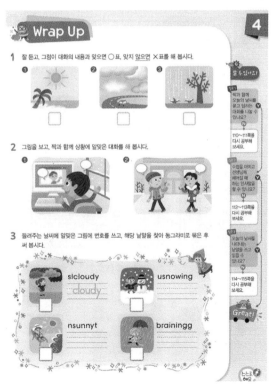

예시 1. YBM(김) 3학년 교과서 117쪽

학생 상호 평가는 예시 2와 3과 같이 역할 놀이를 한 후, 각 모둠에서 다른 모둠원들을 평가하도록 되어 있다. 혹은 다른 모둠의 역할 놀이를 보고 평가하는 것도 가능하다. 예시 4와 5에서는 프로젝트 활동에 참여한 후 다른 모둠원들을 평가하도록 제시되어 있다.

- 학생 상호 평가

B 역할놀이를 한 후, 서로 평가해 봅시다.

예시 2. 대교 4학년 교과서 97쪽 (Story Time 4)

B 역할놀이를 한 후, 서로 평가해 봅시다.

1. Role-play
▶ 모둠별로 역할극 발표하기
Ⓣ Let's role-play. First group, come to the front and show your group's role-play. Other groups, watch carefully.
Ⓢ (모둠별로 차례대로 역할놀이를 보여 주고, 나머지 모둠들은 경청한다.)

2. Evaluation
▶ 역할극 평가하기
Ⓣ Let's evaluate our role-plays. Think about who spoke clearly and write down their names.
Ⓢ (역할놀이를 할 때, 대사를 정확하게 말한 친구를 떠올려 교과서에 이름을 쓴다.)
Ⓣ Who spoke clearly?
Ⓢ (친구의 이름을 말한다.)
Ⓣ Oh, I see. Let's give them a big hand.
(다른 항목들에 대해서도 같은 방식으로 확인한다.)

▶ 역할놀이 평가표

Performance	Name
Who spoke clearly?	
Who spoke confidently?	
Who acted well?	
Which group did the role-play the best?	

예시 3. 대교 4학년 지도서 273쪽

- 학생 상호 평가

예시 4. 동아 6학년 교과서 31쪽

✔Check Together

▶ Project 활동에 즐겁게 참여했는지 서로 평가하게 한다.
① Look at *Check Together*. Score other friends' works by coloring the stars.
⑤ (Check Together 표를 작성한다.)

예시 5. 동아 6학년 지도서 124쪽

지도 방법 및 활동 유형

초등영어교육 현장에서는 전통적인 지필평가나 총괄평가 이외에도 학생들의 학습을 촉진시키고 발전시킬 수 있는 다양한 평가방법이 실시될 수 있다. 특히 수행평가(performance-based assessment)는 학생들이 학습을 하는 상황에서 활동하는 과정이나 산출물을 평가하는 방법을 통칭한다. 방법 측면에서 지필평가와 대비되는 수행평가는 평가의 시기와 목적 측면에서 총괄평가와 대비되는 형성평가에서 주로 활용될 수 있다. 수행평가는 언어 4기능을 개별적으로 혹은 통합하여 평가할 수 있다. 인터뷰, 역할극, 발표 등 학습 목표와 교수·학습 맥락에 따라 적절하게 시행할 수 있다. 다음은 관찰, 포트폴리오, 프로젝트 평가 등의 방법을 제시한 것이다.

관찰평가(observation):
교사가 수업시간에 학습자의 행동, 수행, 상호작용 등을 관찰한다. 관찰 내용을 기록하거나 체크리스트에 표시해 볼 수 있다.

포트폴리오 평가(portfolio assessment):
학습자가 학습 과정에서 생성한 산출물을 선정해 모은 것이다. 쓰기 등 언어 4기능과 관련된 산출물을 모을 수도 있고, 읽기와 관련해 읽은 영어 동화책 목록이나 내용과 소감을 기록한 산출물을 모을 수도 있다.

프로젝트 평가(project):
소모둠에서 개별 혹은 모둠 학생들의 수행과정과 결과를 평가하는 데 활용할 수 있다. 프로젝트 진행 과정, 결과물, 발표 등을 포함한다. 다양한 언어 기능 통합과 협력 학습의 맥락에서 학습자들의 수행 능력을 평가할 수 있다.

지도상 유의점

- 일회적인 평가가 되지 않도록 지속적으로 학생의 성취 정도를 점검하고 학습 능력 향상의 기회로 활용한다.
- 자기평가를 실시할 때 자기평가가 학습 능력 향상에 중요함을 인지시키고 사전 훈련을 통해 적절한 평가가 이루어지도록 한다.
- 학생 상호 평가의 중요성과 필요성을 학생들이 인식하도록 하고, 평가 기준 및 절차 등을 자세히 안내해 주고 적절하게 시행될 수 있도록 연습을 거친 후 실시한다.
- 수행평가를 실시할 때 평가 목적, 기준, 절차를 자세히 알려주고, 피드백을 체계적으로 제공하여 학생들의 학습에 도움이 되도록 한다.

② Model Lesson

학습목표:	역할극에 대해 동료평가와 자기평가를 할 수 있다.
대상학년:	3~4학년
의사소통기능:	A: Can you help me?
	B: Sure, I can. / Sorry, I can't.
준비물:	교과서, CD-ROM
학습조직:	개인, 소집단

T: Hello, everyone. Today, we will do a role play. Are you ready?

Ss: Yes.

T: Last time we learned the expressions for asking for help and answer about it. Do you remember?

정리 및 평가를 하기 전에 앞에서 배운 내용을 상기시키는 질문과 응답을 해요.

Ss: Yes.

T: What would you say to ask for help?

학생들의 대답을 교사가 반복함으로써 목표 표현을 자주 노출시킴과 동시에 학생들의 응답이 적절함을 알려줘요.

Ss: Can you help me?

T: Right. You will ask "Can you help me?" Then how would you answer if you can help?

Ss: Sure, I can.

T: Sure, I can. Good. But if you can't help, how would you answer?

Ss: Sorry, I can't.

T: Sorry. I can't. Great. In this lesson, we will use those expressions to ask and answer about asking for help. We will do a role play using "The Little Match Girl." Do you know this story?

Ss: Yes.

T: What is the name of the story in Korean?

Ss: 성냥팔이 소녀.

T: Right. "The Little Match Girl" is 성냥팔이 소녀 in Korean.

(중략)

T: Now choose your roles in your group and practice.

Ss: (소그룹내에서 각자 역할을 맡아 연습한다. 교사는 연습에 어려움을 겪는 학생들을 돕는다)

T: It's time to do the role play in front of the class. When other groups do the role play, what should you do?

다른 모둠이 역할극을 어떻게 수행했는지를 평가하는 학생 상호 평가(동료평가)에 해당해요.

Ss: 평가해요.

T: Right. You will check how well the other groups do their role plays.

Ss: Okay.

학생 상호 평가 방법은 교사가 자세히 설명해주거나 학생에게 질문하고 대답하는 방식으로 이해시켜요.

T: How would you score the other groups' role plays?

Ss: The stars.

T: Yes, you can score by coloring the stars. What questions do you ask yourself when scoring?

Ss: 배운 표현을 자신있게 말했나요? 역할을 실감나게 연기했나요? 협동하여 즐겁게 참여했나요?

T: Right, let's talk about the first question, 배운 표현을 자신있게 말했나요? You can score one, two, or three stars. When should you give three stars?

S1: 배운 표현을 또박또박 말할 때요.

S2: 배운 표현을 말할 때 떨지 않고 큰소리로 말할 때요.

T: Wonderful. Then when should you give one star to the first question?

S3: 바닥만 보고 얘기할 때요.

S4: 목소리가 너무 작아서 안들릴 때요.

T: Perfect!

(다른 두 개의 평가 질문에 대해서도 선생님과 학생들이 묻고 답한다.)

T: Right. Then, on the top, write the names of the groups, let's say, Groups 1, 2, 3, 4. Then color the stars for each question. If you'd like to leave comments, please do so. Is everything clear?

Ss: Yes.

T: Now we're ready for the role play. Which group goes first?

Ss: (각 그룹이 역할 놀이를 한다).

T: You did a wonderful job. Did you have fun?

Ss: Yes.

T: It's time to wrap-up, and I want you to score yourself. ●⋯⋯⋯⋯ 역할극을 어떻게 수행했는지 스스로 평가해보는 자기평가에 해당돼요.

Ss: (학생들이 역할 놀이에 대한 자기평가를 한다.)

T: Good. If you got one star for "배운 표현을 자신있게 말했나요?", what do you need to do?

Ss: 연습해요.

T: Right. You should practice more. Then you can speak the expressions with confidence. Can you do it? ⋯⋯⋯ 학생들에 대한 평가 결과를 이후 학습에 도움이 되도록 활용해요. 정의적(자신감, 흥미, 협동), 인지적 측면(학습목표 달성, 유용한 표현 학습)에서 모두 활용하도록 해요.

Ss: Yes.

T: Now review the expressions. What would you say when asking for help?

Ss: Can you help me?

T: Great. If you can help, how would you answer?

Ss: Sure, I can. /Yes, I can.

T: But if you can't help, what would you say?

Ss: I'm sorry, I can't.

T: Wonderful.

학습목표:	단원정리를 하며 자기평가를 할 수 있다.
대상학년:	3~4학년
준비물:	교과서, CD-ROM
학습조직:	개인 활동

T: Now it's time to review Lesson 10. Are you ready to start the review?

Ss: Yeah.

단원에서 배운 표현을 정리한 후에 학생들의 성취 정도를 점검해요.

T: Okay, look at the textbook and the worksheet. Let's review the expressions learned from Lesson 10.

Ss: (배운 표현을 질문과 대답을 통해 연습한다)

T: Now, you can check how well you listen, speak, read, and write.

Ss: (교과서와 학습지를 이용해 자신의 수준을 확인한다)

T: All right. Are you finished? We are going to check the answers.

Ss: (답을 확인해 본다)

단원에서 배운 내용을 점검하도록 하고 각 내용/항목의 학습목표 달성 정도에 따라 복습 여부를 결정해요.

T: Now look at the table "Check yourself." Evaluate yourself by coloring the stars.

S: Okay.

T: What questions can you ask?

Ss: 도움을 요청하는 말을 할 수 있나요? 도움을 요청하는 말에 답할 수 있나요?

(학습목표와 주요표현과 관련된 질문에 답하도록 한다)

T: You did a wonderful job today and in Lesson 10.

3 Task

- 이번 단원에서 이전 차시에 학습한 내용을 바탕으로 프로젝트 활동을 한 후에 자기평가, 학생 상호 평가를 하는 수업 장면을 구상해 보세요.

대상학년:	3~4학년
의사소통기능:	A: What do you want?
	B: I want some cookies.
	A: Do you want some juice?
	B: Yes, please / No, thanks. I'm full.

참고자료: 동아 4학년 교과서 108쪽

4 Classroom English

Categories	Teacher Talk
Review of today's lesson	• Let's review what we learned today. • Let's review what we learned from Lesson 1. • Let's go over the words we learned today. • Let's go over the key expressions we learned today. • It's time to wrap up Lesson 1.
Peer assessment	• Let's evaluate our role plays. • Watch how well your friends perform the role play. • Score other group's role play by coloring the stars. • Score your friends' work by coloring the stars. • Think about who spoke clearly and write down their names.
Self-assessment	• Now, let's do the Self Check. • Read the questions and color some or all of the stars to show how well you did. • Score yourself by coloring the stars. • Check how well you understood the story. • Check how well you did the role play. • Look at the checklist. Check how much you learned in Lesson 1. • Read the first question to check how well you did. • If your answer is "Yes," move to the next question. • If your answer is "No," go to the pages shown and check again. • Keep going until you see the word, "Good job!" or "Great!"

부록
교실 영어의 오류

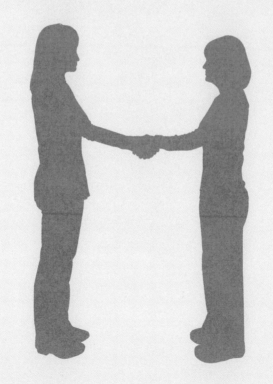

Common Errors
in the Classroom English

교실 영어의 오류는 다음 다섯 가지로 분류될 수 있는데, 필요한 단어를 생략하는 경우, 불필요한 단어를 추가하는 경우, 단어나 언어 형태 선택을 잘못했을 경우, 어순이 잘못되었을 경우, 기타 오류이다.

생략의 오류

생략의 오류는 관사나 전치사 등 필요한 단어나 구두점을 생략하는 경우이다. 아래 표의 왼쪽은 오류 문장을 나열한 것이다. 첫 번째 제시된 "Could you close door?"라는 문장은 'close'와 'door'사이에 정관사 'the'가 생략되어서 생긴 오류이다. 예시처럼 다음 문장도 오류를 수정해 보도록 하자.

오류 문장	오류 수정
• Could you close door?	• 예시) Could you close the door?
• Where is post office?	•
• Look at bird.	•
• Look at airplane.	•
• Team A is winner.	•
• Let's move on to next activity.	•
• I'll call out answers.	•
• I will ask after this.	•
• How's weather today?	•
• You did good job.	•
• What good idea!	•

오류 문장	오류 수정
• Do you all have copy?	•
• Please respond my e-mail.	•
• Please reply my e-mail as soon as possible.	•
• I need to talk you later.	•
• Listen dialogue.	•
• Speak the CD.	•
• Have a look this picture.	•
• Who is in story?	•
• What they doing there?	•
• It's time stop now.	•
• You have to fill the blanks.	•
• Let's see who absent.	•
• It's one every two people.	•
• How you know it's a tiger?	•
• Bob could you pass me the salt, please?	•
• I have a meeting with my teacher Jane.	•
• Yes I still have it.	•
• I told her "Yes."	•
• I like apples pears bananas and grapes.	•
• I am going to tell a story.	•

추가의 오류

추가의 오류는 관사나 전치사 등 불필요한 단어를 추가하여 생기는 오류이다. 예시에서 제시한 것처럼 "Let's listen to dialogue 2."라는 문장은 'to'와 'dialogue 2' 사이에 정관사 'the'가 필요 없다. 표에 제시된 다른 문장의 오류도 수정해 보자.

오류 문장	오류 수정
• Let's listen to the dialogue 2.	• 예시) Let's listen to dialogue 2.
• Listen carefully to the Minsu.	•
• He answered to my question instantly.	•
• Let's discuss about this later.	•
• We're going to review about Lesson 9.	•
• She has arrived at here.	•
• Let's us play.	•
• Let's learn about how to introduce our names.	•
• Today, we are going to study of English culture.	•
• We entered into the classroom.	•
• Do you have an empty space?	•
• This is a free gift for you.	•
• I will repeat again.	•
• What do you do at twelve noon?	•
• You'll do the 'Simon says' now.	•
• These are the words that you are studied.	•
• Watch me the first.	•
• This is how you are do it.	•
• Like a this.	•

오류 문장	오류 수정
• It's a always like that.	•
• Who did help you?	•
• Who would you like to have a go?	•

단어 선택 및 형태의 오류

단어 선택의 오류는 잘못된 단어 선택으로 생기는 오류이다. 예를 들어, 동사 '빌리다'와 '빌려주다'를 종종 헷갈리는 경우가 있는데, '빌리다'는 뜻의 'borrow'는 주어가 누군가에게 무언가를 빌려 받는 것이므로 동사 'borrow' 다음에 빌리는 대상인 물건이 목적어로 나온다. 하지만 동사 'lend'는 '빌려주다'의 뜻이기 때문에 누구에게 빌려주는지 그 대상이 나와야 한다. 예시 문장처럼 표의 다른 문장의 오류도 수정해 보도록 하자.

오류 문장	오류 수정
• Can I lend your pencil, please?	• 예시) Can I borrow your pencil, please?
• She lent my pen.	•
• He lives at Canada.	•
• She lives in 17 Green Street.	•
• He is a new member in Brown Club.	•
• Play and have funny.	•
• Please say me the truth.	•
• He told, "Be quiet."	•
• I'll speak a sentence.	•
• Can you go to me?	•
• I like this cards.	•
• Are you remember this?	•

오류 문장	오류 수정
Make a group with 3 people.	•
His jeans is red.	•
There are good news for you.	•
Your question is similar as his.	•
He walks quick.	•
Today's word is 'desk' and 'table'.	•
Will you speak soft?	•
Try to speak as many as possible.	•
There's too many noise.	•
How about watch a video clip?	•
The sound is too loudly.	•
Do you finished?	•
Are you near done?	•
He's drink a glass of juice.	•
Are you more fast than your friend?	•
Do you know how it work?	•
How many ice cream did you eat?	•
You are often late, don't you?	•
First, you do this. Now you do that.	•
Do you like an apple?	•
Are you follow me?	•
Throw a dice.	•

어순의 오류

어순의 오류는 문장 내 단어 순서를 잘못 사용한 경우이다.

오류 문장	오류 수정
• Anyone can answer the question?	• 예시) Can anyone answer the question?
• This is a ruler?	•
• Do you remember what did you learn?	•
• Do you know who is he?	•

기타 오류

기타 오류는 대화 속에서 문맥에 맞지 않게 언어를 사용해서 생기는 오류 등을 말한다. 다음 예시 문장에서 "What are you doing?"이라고 묻고 있는데, "I'm sleeping."이라고 답하는 것은 문맥에 맞지 않는 답변이라고 할 수 있다. 자고 있다면 "I'm sleeping."이라고 답을 할 수 없기 때문이다. 이와 같이 다른 문장의 오류도 수정해 보도록 하자.

오류 문장	오류 수정

• A: What are you doing?
  B: I am sleeping.
	• 예시) A: What are you doing?
	  B: I am dancing/studying/cooking.

• A: Are you going to cook it now? B: Yes, I do.	•
• Time's up. Today is over.	•
• If you give the right answer, I will give you one point. Is it okay?	•

참고문헌

교육부. (2015). 영어과 교육과정: 교육부 고시 제2015-74호 [별책 14]. 서울: 교육부.

권영현, 나경희. (2018). 초등 영어교실에서의 역할극 활용이 영어듣기와 말하기 능력에 미치는 효과성 분석. 초등영어교육, 24(4), 53-68.

권점례, 이광우, 신호재, 김종윤, 김정효. (2017). 2015 개정 교육과정에 따른 초·중학교 교과 간 연계·융합 교육 적용 방안 연구. 한국교육과정평가원 연구보고 RRC 2017-8-1.

김기택, 배주경, 안경자, 임수연. (2019). 쉽게 이해하는 초등영어 교육과정. 서울: 한국문화사.

김현진. (1999). 주제중심 통합 접근법에 따른 영어교재 내용구성 방안: 주제, 이야기, 탐구활동을 중심으로. 초등영어교육, 5(2), 71-107.

김혜리, 김영미. (2010). 아동문학 텍스트 기반 초등영어 읽기 전략 지도. 초등영어교육, 16(3), 85-121.

노경희. (2015). 초등영어교육의 이해. 서울: 한국문화사.

배지영, 우길주. (2009). 내용중심 영어 미술 통합 학습의 초등교실 현장 적용 연구. 교과교육학연구, 13(3), 531-552.

서울시교육청. (2011). 2011 영어교사 TEE 인증제 시행 계획. 서울: 서울특별시교육청.

안경자. (2014). 영어수업지도안 작성. 교과교육연구과제. 서울: 서울교육대학교.

윤여범, 서진아. (2017). 초등영어 발음교육의 이해와 적용. 서울: 한국문화사.

이경랑, 김수연, 김슬기, 이윤정. (2011). 자기 주도적 학습자 양성을 위한 영어학습전략 교수 모형 연구: 중학교 영어 교과서를 중심으로. 현대영어교육, 12(1), 177-201.

이동은, 신상근. (2013). 예측하기 전략훈련이 중학교 영어학습자의 읽기 이해와 읽기 태도에 미치는 효과. 교과교육학연구, 17(4), 1279-1298.

이문복, 신동광. (2015). 2015 영어과 교육과정 기본 어휘 목록 개발. 영어교과교육, 14(4), 115-134.

이승민. (2017). 초등영어 지도의 원리와 실제. 서울: 한국문화사.

이영아. (2018). 2015 개정 초등학교 영어 교육과정의 이해. 2018 초등학교 영어교사 단기연수 자료집(pp. 23-40). 청주: 교육부, 청주교육대학교.

이완기. (2009). 초등영어교육론 (개정5판). 서울: 문진미디어.

이윤. (2004). 초등학생의 영어 음소 인식: 서울지역을 중심으로. *외국어교육, 11*(3), 103-131.

주형미, 이영아. (2012). 교과서 다양화를 위한 초등학교 영어 교과서 개선 방안 연구. *교과교육 학연구, 16*(1), 257-283.

Ackerman, D. B. (1990). Intellectual and practical criteria for successful curriculum integration. In H. H. Jacobs (Ed.), *Interdisciplinary curriculum design and implementation* (pp. 1-11). Alexandria, VA: Association for Supervision and Curriculum Development.

Anderson, J. R. (1995). *Cognitive psychology and its implications* (4th ed.). New York: Freeman.

Anderson, N. J. (1999). *Exploring second language reading*. Boston, MA: Heinle & Heinle.

Anderson, N. J. (2014). Developing engaged second language readers. In M. Celce-Murcia, D. M. Brinton, & M. A. Snow (Eds.), *Teaching English as a second or foreign language* (pp. 170-188). Boston, MA: National Geographic Learning.

Asher, J. (1988). *Learning another language through actions: The complete teacher's guidebook* (3rd ed.). Los Gatos, CA: Sky Oaks Productions.

Brewster, J., Ellis, G., & Girard, D. (2003). *The primary English teacher's guide*. Essex, UK: Pearson Education.

Brindley, G. (2003). Classroom-based assessment. In D. Nunan (ed.), *Practical English language teaching* (pp. 309-328). New York: McGraw Hill.

Brooks, N. (1964). *Language and language learning*. New York: Harcourt Brace Jovanovich.

Brooks, N. (1975). The analysis of language and familiar cultures. In R. C. Lafayette (Ed.), *The cultural revolution* (pp. 19-31). Reports on the Central States Conference on Foreign Language Education. Lincolnwood. IL: NTC/Contemporary Publishing Group.

Brown, H. D., & Lee, H. (2015). *Teaching by principles: An interactive approach to language pedagogy* (4th ed.). New York: Pearson.

Byram, M. (1997). *Teaching and assessing intercultural communicative competence.*

Clevedon, UK: Multilingual Matters.

Byrne, D. (1986). *Teaching oral English*. Harlow, UK: Pearson Education.

Calkins, L. (1994). *The art of teaching writing*. Portsmouth, NH: Heinemann.

Cameron, L. (2001). *Teaching languages to young learners*. Cambridge: Cambridge University Press.

Canale, M. (1983). From communicative competence to communicative language pedagogy. In J. Richards & R. Schmidt (Eds.), *Language and communication* (pp. 2-27). London: Addision Wesley Longman.

Canale, M., & Swain, M. (1980). Theoretical bases of communicative approaches to second language teaching and testing. *Applied Linguistics, 1*(1), 1-47.

Carrell, P. L. (1985). Facilitating ESL reading by teaching text structure. *TESOL Quarterly, 19*(4), 727-752.

Celce-Murcia, M. (2014). An overview of language teaching methods and approaches. In M. Celce-Murcia, D. M. Brinton, & M. A. Snow (Eds.), *Teaching English as a second or foreign language* (pp. 2-14). Boston, MA: National Geographic Learning.

Celce-Murcia, M., & Hills, S. (1988). Techniques and resources in teaching grammar. In R. N. Campbell & W. E. Rutherford (Eds.), *Teaching techniques in English as a second language*. New York: Oxford University Press.

Chomsky, N. (1965). *Aspects of the theory of syntax*. Cambridge: M.I.T. Press.

Cohen, A. D. (2011). Second language learner strategies. In E. Hinkel (Ed.), *Handbook of research in second language teaching and learning* (Vol. 2, pp. 681-698). New York: Routledge.

Cooper, J. (1993). *Literacy: Helping children construct meaning*. Boston, MA: Houghton Miffin.

Cross, D. (1995). *A practical handbook of language teaching*. London: Phoenix ELT.

Crystal, D. (1991). *A dictionary of linguistics and phonetics*. Cambridge: Blackwell.

De Beaugrandem, R. (1997). Theory and practice in applied linguistics: Disconnection, conflict, or dialectic? *Applied Linguistics, 18*(3), 279-313.

Doughty, C. & Williams, J. (1998). *Focus on form in classroom second language acqui-sition.* Cambridge: Cambridge University Press

Duffy, G. (1993). Rethinking strategy instruction: Four teachers' development and their low achievers' understanding. *Elementary School Journal, 93*(3), 231-247.

Duke, N. K., & Pearson, P. D. (2002). Effective practices for developing reading com-prehension. In A. E. Farstrup & S. J. Samuels (Eds.), *What research has to say about reading instruction* (3rd ed., pp. 205-242). Newark, DE: IRA.

Ediger, A. (2001). Teaching children literacy skills in a second language. In M. Celce-Murcia (Ed.), *Teaching English as a second or foreign language* (3rd ed., pp. 153-169). Boston, MA: Heinle & Heinle.

Ehri, L. C. (1998). Grapheme-phoneme knowledge is essential for learning to read words in English. In J. L. Metsala & L. C. Ehri (Eds.), *Word recognition in be-ginning literacy* (pp. 3-40). Mahwah, NJ: Erlbaum.

Ellis, G., & Brewster, J. (2002). *Tell it again!: The new storytelling handbook for prima-ry teachers* (2nd ed.). Harlow, UK: Penguin.

Ellis, N. C. (1995). Vocabulary acquisition: Psychological perspectives and pedagogical implications. *The Language Teacher, 19*(2), 12-16.

Ellis, R. (2001). Introduction: Investigating form-focused instruction. *Language Learn-ing, 51*(1), 1-46.

Ellis, R. (2006). Current issues in the teaching of grammar: an SLA perspective. *TESOL Quarterly, 40*(1), 83-107.

Ellis, R. (2008). *The study of second language acquisition* (2nd ed.). New York: Oxford University Press.

Ellis, R. (2014). Principles of instructed second language learning. In M. Celce-Murcia, D. M. Brinton, & M. A. Snow (Eds.), *Teaching English as a second or foreign language* (pp. 31-45). Boston, MA: National Geographic Learning.

Fiedler, F. E., Mitchell, T., & Triandis, H. C. (1971). The culture assimilator: An approach to cross-cultural training. *Journal of Applied Psychology, 55*(2), 95-102.

Field, J. (2002). The changing face of listening. In J. C. Richards & W. A. Renandya (Eds.),

Methodology in language teaching: An anthology of current practice (pp. 242-247). New York: Cambridge University Press.

Geertz, C. (1973). *The interpretation of cultures: Selected essays*. New York: Basic Books.

Gibbs, G. (1978). *Dictionary of gaming, modeling and simulation*. Beverly Hills, CA: Sage.

Goh, C. M. (2014). Second language listening comprehension: Process and pedagogy. In M. Celce-Murcia, D. M. Brinton, & M. A. Snow (Eds.), *Teaching English as a second or foreign language* (pp. 72-89). Boston, MA: National Geographic Learning.

Goswami, U. (2001). Early phonological development and the acquisition of literacy. In S. B. Newman & D. K. Dickinson (Eds.), *Handbook of early literacy research* (pp. 111-125). New York: The Guilford Press.

Grabe, W. (1991). Current developments in second language reading research. *TESOL Quarterly, 25*(3), 375-406.

Grabe, W. (2009). *Reading in a second language: Moving from theory to practice*. Cambridge: Cambridge University Press.

Grabe, W., & Stoller, F. L. (1997). Content-based instruction: Research foundations. In M. A. Snow & D. M. Brinton (Eds.), *The content-based classroom: Perspective on integrating language and content* (pp. 78-94). New York: Longman.

Grabe, W., & Stoller, F. L. (2002). *Teaching and researching reading*. London: Pearson Education Longman.

Gregg, K. (1984). Krashen's monitor and Occam's razor. *Applied Linguistics, 5*(2), 79-100.

Griffiths, C., (Ed.). (2008). *The good language learner: Lessons from research*. New York: Cambridge University Press.

Halliwell, S. (1992). *Teaching English in the primary classroom*. New York: Longman.

Harley, B., & Swain, M. (1984). The interlanguage of immersion students and its implications on second language teaching. In A. Davies, C. Criper, & A. P. R. Howatt (Eds.), *Interlanguage* (pp. 291-311). Edinburgh, UK: Edinburgh University Press.

Harmer, J. (2007). *The practice of English language teaching* (4th ed.). New York: Pearson/Longman.

Hatch, E., & Brown, C. (1995). *Vocabulary, semantics, and language education*. Cambridge: Cambridge University Press.

Haynes, M. (1993). Patterns and perils of guessing in second language reading. In T. Huckin, M. Haynes, & J. Coady (Eds.), *Second language reading and vocabulary learning* (pp. 46-64). Norwood, NJ: Ablex.

Heilman, A. W. (2002). *Phonics in proper perspective* (9th ed.). Upper Saddle River, NJ: Merrill-Prentice Hall.

Hohn, W. E., & Ehri, L. C. (1983). Do alphabet letters help prereaders acquire phonemic segmentation skill? *Journal of Educational Psychology, 75*(5), 752-762.

Hunter, M., & Russell, D. (2006). Planning for effective instruction: Lesson design. In B. Marlowe & A. Canestrari (Eds*.), Educational psychology in context: Readings for future teachers* (pp. 4-12). Thousand Oaks, CA: Sage.

Janzen, J. (2002). Teaching strategic reading. In J. C. Richards & W. A. Renandya (Eds.), *Methodology in language teaching: An anthology of current practice* (pp. 287-294). New York: Cambridge University Press.

Jensen, L. (2001). Planning lessons. In M. Celce-Murcia (Ed.), *Teaching English as a second or foreign language* (pp. 403-409). Boston, MA: Heinle & Heinle.

Johnson, K. (1982). *Communicative syllabus design and methodology*. New York: Pergamon Institute of English.

Kemmis, S., & McTaggart, R. (1988). *The action research planner* (3rd ed.). Victoria, AU: Deakin University Press.

Knop, C. K. (1976). On using culture capsules and culture assimilators. *The French Review, 50*(1), 54-64.

Koda, K. (2005). *Insights into second language reading: A cross-linguistic approach*. New York: Cambridge University Press.

Krashen, S. D., (1982). *Principles and practice in second language acquisition*. Oxford:

Pergamon.

Krashen, S. D., & Terrell, T. D. (1983). *The natural approach: Language acquisition in the classroom*. Oxford: Pergamon.

Kuhn, M. R. (2003). Fluency in the classroom: Strategies for whole-class and group work. In L. M. Morrow, L. B. Gambrell, & M. Pressley (Eds.), *Best practices in literacy instruction* (2nd ed., pp. 127-142). New York: The Guilford Press.

Kumaravadivelu, B. (1994). The postmethod condition: (E)merging strategies for second/foreign language teaching. *TESOL Quarterly, 28*(1), 27-48.

Ladousse, P. (1987). *Role-play: Resource books for teachers*. Oxford: Oxford University Press.

Larsen-Freeman, D., & Anderson, M. (2011). *Techniques and principles in language teaching* (3rd ed.). New York: Oxford University Press.

Lems, K., Miller, L. D., & Soro, T. M. (2017). *Building literacy with English language learners: Insights from linguistics* (2nd ed.). New York: The Guilford Press.

Linse, C. T. (2006). *Practical English language teaching: Young learners.* New York: McGraw Hill.

Littlewood, W. (1981). *Communicative language teaching*. Cambridge: Cambridge University Press.

Long, M. (1991). Focus on form: A design feature in language teaching methodology. In K. de Bot, R. B. Ginsberg, & C. Kramsch (Eds.), *Foreign language research in cross-cultural perspective* (pp. 39-52). Amsterdam: John Benjamin.

Macaro, E. (2018). *English medium instruction*. Oxford: Oxford University Press.

McLaughlin, M. (2012). *Guided comprehension for English learners.* Newark, DE: International Reading Association.

Mead, G. H. (1934). *Mind, self and society.* Chicago: University of Chicago Press.

Metsala, J. L., & Walley, A. C. (2003). Spoken vocabulary growth and the segmental restructuring of lexical representations: Precursors to phonemic awareness and early reading ability. In J. L. Metsala (Ed.), *Word recognition in beginning literacy* (pp. 89-120). Mahwah, NJ: Lawrence Erlbaum.

Nation, I. S. P. (2001). *Learning vocabulary in another language*. Cambridge: Cambridge University Press.

Nation, I. S. P. (2006). How large a vocabulary is needed for reading and listening? *Canadian Modern Language Review, 63*(1), 59-82.

Nation, I. S. P., & Newton, J. (2009). *Teaching ESL/EFL listening and speaking*. New York: Routledge.

National Reading Panel. (2000). *Teaching children to read: An evidence-based assessment of the scientific research in literature on reading and its implications for reading instruction* (National Institute of Health Pub. No. 00-4769). Retrieved February 21, 2014 from http://www.nichd.nih.gov/ publications/pubs/nrp/documents/report.pdf

Nunan, D. (2002). Listening in language learning. In J. C. Richards & W. A. Renandya (Eds.), *Methodology in language teaching: An anthology of current practice* (pp. 238-241). New York: Cambridge University Press.

Nuttall, C. (2005). *Teaching reading skills in a foreign language*. Oxford: McMillan Education.

Olson, D. R. (1977). Oral and written language and the cognitive processes of children. *Journal of Communication, 27*(3), 10-26.

Olson, D. R. (1996). Towards a psychology of literacy: On the relations between speech and writing. *Cognition, 60*(1), 83-104.

Oxford, R. L. (1990). *Language learning strategies: What every teacher should know*. Boston: Heinle & Heinle.

Oxford, R. L. (2011). *Teaching and researching language learning strategies*. New York: Pearson/Longman.

Palincsar, A. S., & Brown, A. L. (1984). Reciprocal teaching of comprehension-fostering and monitoring activities. *Cognition and Instruction, 1*(2), 117-175.

Palmer, A. S., Groot, P. J. M., & Trosper, G. A. (Eds.), *The construct validation of tests of communicative competence*. Washington DC: TESOL.

Paulston, C. B. (1976). *Teaching English as a second language*. Cambridge: Winthrop.

Pearson, P. D., & Fielding, L. (1991). Comprehension instruction. In R. Barr, M. Kamil, P. Mosenthal, & P. Pearson (Eds.), *Handbook of reading research* (Vol. 11, pp. 815-860). White Plains, NY: Longman.

Pennington, M. C. (1996). *Phonology in English language teaching: An interactional approach*. Essex: Addison Wesley Longman.

Pinter, A. (2006). *Teaching young language learners*. New York: Oxford University Press.

Pinter, A. (2017). *Teaching young language learners*. Oxford: Oxford University Press.

Png, J. L. H. (2010). Teaching vocabulary at the upper primary level. In R. Y. L. Wong (Eds.), *Developing literacy in the English classroom* (pp. 139-154). Singapore: Pearson Prentice Hall.

Prator, C. H., & Robinett, B. W. (1985). *Manual of American English pronunciation*. New York: Holt, Reinhart, &Winston.

Ray, B., & Seely, C. (2008). *Fluency through TPR storytelling* (5th ed.). Berkeley: Command Performance Language Institute.

Richards, J. C., & Rodgers, T. S. (2014). *Approaches and methods in language teaching* (3rd ed.). Cambridge: Cambridge University Press.

Richards, J. C., & Schmidt, S. (2010). *Longman dictionary of language teaching and applied linguistics* (4th ed). Harlow, UK: Pearson Education.

Rivers, W. M. (1981). *Teaching foreign language skills* (2nd ed.). Chicago: Chicago University Press.

Samuels, S. J. (1979). The method of repeated readings. *The Reading Teacher, 32*(4), 403-408.

Schmitt, N. (1997). Vocabulary learning strategies. In N. Schmitt & M. McCarthy (Eds.), *Vocabulary: Description, acquisition and pedagogy* (pp. 199-227). Cambridge: Cambridge University Press.

Schwanenflugel, P. J., & Knapp, N. F. (2016). *The psychology of reading: Theory and applications*. New York: The Guilford Press.

Seal, B. D. (1991). Vocabulary learning and teaching, In M. Celce-Murcia (Ed.), *Teach-*

ing English as a second or foreign language (pp. 296-311). New York: Heinle & Heinle.

Seuss, Dr. (1963). *Hop on pop*. New York: Random House.

Skehan, P. (1998). *A cognitive approach to language learning*. Oxford: Oxford University Press.

Slattery, M., & Willis, J. (2014). *English for primary teachers: A handbook of activities & classroom language*. Oxford: Oxford University Press.

Stuart, M. (1999). Getting ready for reading: Early phoneme awareness and phonics teaching improves reading and spelling in inner-city second language learners. *British Journal of Educational Psychology, 69*(4), 587-605.

Suh, J. (2003). The process-based writing activity framed on CALL: Its effect on writing attitudes and writing proficiency of EFL learners. *Studies in Modern Grammar, 32*, 169-203.

Swartz, R., & Parks, S. (1994). *Infusing critical and creative thinking into content instruction: A lesson design handbook for the elementary grades*. Pacific Grove, CA: Critical Thinking Press & Software.

Takashima, H. (1999). Output enhancement and the acquisition of the past tense, In R. Ellis (Ed.) *Learning a second language through interaction* (pp. 173-188). Amsterdam, Philadelphia: John Benjamins.

Taylor, D., & Sorenson, J. (1961). Culture capsules. *The Modern Language Journal, 45*(8), 350-354.

Thoermer, A., & Williams, L. (2012). Using digital texts to promote fluent reading. *The Reading Teacher, 65*(7), 441-445.

Thornbury, S. (1999). *How to teach grammar*. London: Longman.

Thornbury. S. (2006). *An A-Z of ELT: A dictionary of terms and concepts*. Oxford: Macmillan.

Vandergrift, L. (2011). Second language listening: Presage, process, product, and pedagogy. In E. Hinkel (Ed.), *Handbook of research in second language teaching and learning* (Vol. 2, pp. 455-471). New York: Routledge.

Vandergrift, L., & Goh, C. C. M. (2012). *Teaching and learning second language listening: Metacognition in action*. New York: Routledge.

Wajnryb, R. (1990). *Grammar dictation*. Oxford: Oxford University Press.

Wajnryb, R. (1992). *Classroom observation tasks: A resource book for language teachers and trainers*. Cambridge: Cambridge University Press.

Wessels, C. (1987). *Drama*. London: Oxford University Press.

White, R., & Arndt, V. (1991). *Process writing*. London: Longman.

Widdowson, H. G. (1978). *Teaching language as communication*. Oxford: Oxford University Press.

Wilkins, D. (1972). *Linguistics in language teaching*. London: Arnold.

Williams, R. L. (1994). *City mouse and country mouse*. Cypress, CA: Creative Teaching Press.

Willis, J. (1996). *A framework for task-based learning*. Harlow, UK: Longman.

Wilson, J. (2008). *How to teach listening*. Harlow, UK: Pearson Education.

Worthy, J., & Prater, K. (2002). I thought about it all night: Readers theater for reading fluency and motivation. *The Reading Teacher, 56*(3), 294-297.

Wright, A., Betteridge, D., & Buckby, M. (2006*). Games for language learning*. Cambridge: Cambridge University Press.

Young, C., & Rasinski, T. (2009). Implementing readers theatre as an approach to classroom fluency instruction. *The Reading Teacher, 63*(1), 4-13.

교과서 및 지도서 목록

김혜리, 황창녕, 강영옥, 임희진, 경지숙, 김태영, 정윤희, 정수정, 신재욱, 이지현, Jordan Vinikoor. (2018a). *초등학교 3학년 영어 교과서*. 서울: YBM.

김혜리, 황창녕, 강영옥, 임희진, 경지숙, 김태영, 정윤희, 정수정, 신재욱, 이지현, Jordan Vinikoor. (2018b). *초등학교 4학년 영어 교과서*. 서울: YBM.

김혜리, 황창녕, 강영옥, 임희진, 경지숙, 김태영, 정윤희, 정수정, 신재욱, 이지현, Jordan Vinikoor. (2019a). *초등학교 5학년 영어 교과서*. 서울: YBM.

김혜리, 황창녕, 강영옥, 임희진, 경지숙, 김태영, 정윤희, 정수정, 신재욱, 이지현, Jordan Vinikoor. (2019b). 초등학교 6학년 영어 교과서. 서울: YBM.

박기화, 안경자, 홍진영, 김혜원, 임은화, 정고은, 이명희, 구혜경. (2018a). 초등학교 3학년 영어 교과서. 서울: 동아출판.

박기화, 안경자, 홍진영, 김혜원, 임은화, 정고은, 이명희, 구혜경. (2018b). 초등학교 3학년 영어 지도서. 서울: 동아출판.

박기화, 안경자, 홍진영, 김혜원, 임은화, 정고은, 이명희, 구혜경. (2018c). 초등학교 4학년 영어 교과서. 서울: 동아출판.

박기화, 안경자, 홍진영, 김혜원, 임은화, 정고은, 이명희, 구혜경. (2018d). 초등학교 4학년 영어 지도서. 서울: 동아출판.

박기화, 안경자, 홍진영, 김혜원, 임은화, 정고은, 이명희, 구혜경. (2019a). 초등학교 5학년 영어 교과서. 서울: 동아출판.

박기화, 안경자, 홍진영, 김혜원, 임은화, 정고은, 이명희, 구혜경. (2019b). 초등학교 5학년 영어 지도서. 서울: 동아출판.

박기화, 안경자, 홍진영, 김혜원, 임은화, 정고은, 이명희, 구혜경. (2019c). 초등학교 6학년 영어 교과서. 서울: 동아출판.

박기화, 안경자, 홍진영, 김혜원, 임은화, 정고은, 이명희, 구혜경. (2019d). 초등학교 6학년 영어 지도서. 서울: 동아출판.

이재근, 김진석, 나경희, 이동주, Judy Yin, 정은숙, 권민지, 김동연, 윤경진, 서미옥, 민경선, 최은수, 김소영, 정효준, 장진철, 장인숙, 김주원, 신유진, 송지아. (2018a). 초등학교 3학년 영어 교과서. 서울: 대교.

이재근, 김진석, 나경희, 이동주, Judy Yin, 정은숙, 권민지, 김동연, 윤경진, 서미옥, 민경선, 최은수, 김소영, 정효준, 장진철, 장인숙, 김주원, 신유진, 송지아. (2018b). 초등학교 3학년 영어 지도서. 서울: 대교.

이재근, 김진석, 나경희, 이동주, Judy Yin, 정은숙, 권민지, 김동연, 윤경진, 서미옥, 민경선, 최은수, 김소영, 정효준, 장진철, 장인숙, 김주원, 신유진, 송지아. (2018c). 초등학교 4학년 영어 교과서. 서울: 대교.

이재근, 김진석, 나경희, 이동주, Judy Yin, 정은숙, 권민지, 김동연, 윤경진, 서미옥, 민경선, 최은수, 김소영, 정효준, 장진철, 장인숙, 김주원, 신유진, 송지아. (2018d). 초등학교 4학년 영어 지도서. 서울: 대교.

이재근, 김진석, 나경희, 이동주, Judy Yin, 정은숙, 권민지, 김동연, 윤경진, 서미옥, 민경선, 최은수, 김소영, 정효준, 장진철, 장인숙, 김주원, 신유진, 송지아. (2019a). 초등학교 5학년 영어 교과서. 서울: 대교.

이재근, 김진석, 나경희, 이동주, Judy Yin, 정은숙, 권민지, 김동연, 윤경진, 서미옥, 민경선, 최은수, 김소영, 정효준, 장진철, 장인숙, 김주원, 신유진, 송지아. (2019b). 초등학교 6학년 영어 교과서. 서울: 대교.

최희경, 서지연, 문은혜, 이미화, 윤지영, 박미애, 조선형, 이효진, 박경희. (2018a). 초등학교 3학년 영어 교과서. 서울: YBM.

최희경, 서지연, 문은혜, 이미화, 윤지영, 박미애, 조선형, 이효진, 박경희. (2018b). 초등학교 4학년 영어 교과서. 서울: YBM.

최희경, 서지연, 문은혜, 이미화, 윤지영, 박미애, 조선형, 이효진, 박경희. (2019a). 초등학교 5학년 영어 교과서. 서울: YBM.

최희경, 서지연, 문은혜, 이미화, 윤지영, 박미애, 조선형, 이효진, 박경희. (2019b). 초등학교 5학년 영어 지도서. 서울: YBM.

최희경, 서지연, 문은혜, 이미화, 윤지영, 박미애, 조선형, 이효진, 박경희. (2019c). 초등학교 6학년 영어 교과서. 서울: YBM.

함순애, 이양순, 김현아, 박수경, 박장웅, 안소연, 은정화, 이정민, 임남희, 정신우, Heather L. Reichmuth. (2018a). 초등학교 3학년 영어 교과서. 서울: 천재교육.

함순애, 이양순, 김현아, 박수경, 박장웅, 안소연, 은정화, 이정민, 임남희, 정신우, Heather L. Reichmuth. (2018b). 초등학교 4학년 영어 교과서. 서울: 천재교육.

함순애, 이양순, 김현아, 박수경, 박장웅, 안소연, 은정화, 이정민, 임남희, 정신우, Heather L. Reichmuth. (2018c). 초등학교 4학년 영어 지도서. 서울: 천재교육.

함순애, 이양순, 김현아, 박수경, 박장웅, 안소연, 은정화, 이정민, 임남희, 정신우, Heather L. Reichmuth. (2019a). 초등학교 5학년 영어 교과서. 서울: 천재교육.

함순애, 이양순, 김현아, 박수경, 박장웅, 안소연, 은정화, 이정민, 임남희, 정신우, Heather L. Reichmuth. (2019b). 초등학교 6학년 영어 교과서. 서울: 천재교육.

한국문화사 초등영어교육 시리즈

영어 수업

이론과 실제가 만날 때

1판 1쇄 발행 2020년 3월 18일

지 은 이 ┃ 임수연·이영아·안경자·황필아
펴 낸 이 ┃ 김진수
펴 낸 곳 ┃ 한국문화사
등   록 ┃ 제1994-9호
주   소 ┃ 서울특별시 성동구 광나루로 130 서울숲 IT캐슬 1310호
전   화 ┃ 02-464-7708
팩   스 ┃ 02-499-0846
이 메 일 ┃ hkm7708@hanmail.net
홈페이지 ┃ hph.co.kr

ISBN   978-89-6817-861-0 93370

· 이 도서의 국립중앙도서관 출판예정도서목록(CIP)은 서지정보유통지원시스템 홈페이지
  (http://seoji.nl.go.kr)와 국가자료공동목록시스템(http://www.nl.go.kr/kolisnet)에서
  이용하실 수 있습니다(CIP제어번호: CIP2020010665).

· 이 책을 인용할 경우 다음과 같이 표기 바랍니다.
  임수연, 이영아, 안경자, 황필아. (2020). 영어 수업―이론과 실제가 만날 때. 서울: 한국문화사.
  Yim, S., Lee, Y., Ahn, K., & Hwang, P. (2020). *Designing English lessons: Theory into practice.* Seoul:
       Hankook Publishing House.
  Yim, Su Yon, Lee, Young-A, Ahn, Kyungja, & Hwang, Pil-Ah. (2020). *Designing English lessons: Theory
       into practice.* Seoul: Hankook Publishing House.